草木有情

草木美誉与文化象征

肖东发　主编　李丹丹　编著

中国出版集团

现代出版社

图书在版编目（CIP）数据

草木有情 / 李丹丹编著. — 北京：现代出版社，2014.11（2021.7重印）

（中华精神家园书系）

ISBN 978-7-5143-3064-9

Ⅰ．①草… Ⅱ．①李… Ⅲ．①中华文化 Ⅳ.①K203

中国版本图书馆CIP数据核字(2014)第244316号

草木有情：草木美誉与文化象征

主　　编：肖东发

作　　者：李丹丹

责任编辑：王敬一

出版发行：现代出版社

通信地址：北京市定安门外安华里504号

邮政编码：100011

电　　话：010-64267325 64245264（传真）

网　　址：www.1980xd.com

电子邮箱：xiandai@cnpitc.com.cn

印　　刷：三河市嵩川印刷有限公司

开　　本：710mm×1000mm　1/16

印　　张：11

版　　次：2015年4月第1版　2021年7月第3次印刷

书　　号：ISBN 978-7-5143-3064-9

定　　价：40.00元

党的十八大报告指出："文化是民族的血脉，是人民的精神家园。全面建成小康社会，实现中华民族伟大复兴，必须推动社会主义文化大发展大繁荣，兴起社会主义文化建设新高潮，提高国家文化软实力，发挥文化引领风尚、教育人民、服务社会、推动发展的作用。"

我国经过改革开放的历程，推进了民族振兴、国家富强、人民幸福的中国梦，推进了伟大复兴的历史进程。文化是立国之根，实现中国梦也是我国文化实现伟大复兴的过程，并最终体现为文化的发展繁荣。习近平指出，博大精深的中国优秀传统文化是我们在世界文化激荡中站稳脚跟的根基。中华文化源远流长，积淀着中华民族最深层的精神追求，代表着中华民族独特的精神标识，为中华民族生生不息、发展壮大提供了丰厚滋养。我们要认识中华文化的独特创造、价值理念、鲜明特色，增强文化自信和价值自信。

如今，我们正处在改革开放攻坚和经济发展的转型时期，面对世界各国形形色色的文化现象，面对各种眼花缭乱的现代传媒，我们要坚持文化自信，古为今用、洋为中用、推陈出新，有鉴别地加以对待，有扬弃地予以继承，传承和升华中华优秀传统文化，发展中国特色社会主义文化，增强国家文化软实力。

浩浩历史长河，熊熊文明薪火，中华文化源远流长，滚滚黄河、滔滔长江，是最直接的源头，这两大文化浪涛经过千百年冲刷洗礼和不断交流、融合以及沉淀，最终形成了求同存异、兼收并蓄的辉煌灿烂的中华文明，也是世界上唯一绵延不绝而从没中断的古老文化，并始终充满了生机与活力。

中华文化曾是东方文化摇篮，也是推动世界文明不断前行的动力之一。早在500年前，中华文化的四大发明催生了欧洲文艺复兴运动和地理大发现。中国四大发明先后传到西方，对于促进西方工业社会的形成和发展，曾起到了重要作用。

　　中华文化的力量，已经深深熔铸到我们的生命力、创造力和凝聚力中，是我们民族的基因。中华民族的精神，也已深深植根于绵延数千年的优秀文化传统之中，是我们的精神家园。

　　总之，中华文化博大精深，是中国各族人民五千年来创造、传承下来的物质文明和精神文明的总和，其内容包罗万象，浩若星汉，具有很强的文化纵深，蕴含丰富宝藏。我们要实现中华文化伟大复兴，首先要站在传统文化前沿，薪火相传，一脉相承，弘扬和发展五千年来优秀的、光明的、先进的、科学的、文明的和自豪的文化现象，融合古今中外一切文化精华，构建具有中国特色的现代民族文化，向世界和未来展示中华民族的文化力量、文化价值、文化形态与文化风采。

　　为此，在有关专家指导下，我们收集整理了大量古今资料和最新研究成果，特别编撰了本套大型书系。主要包括独具特色的语言文字、浩如烟海的文化典籍、名扬世界的科技工艺、异彩纷呈的文学艺术、充满智慧的中国哲学、完备而深刻的伦理道德、古风古韵的建筑遗存、深具内涵的自然名胜、悠久传承的历史文明，还有各具特色又相互交融的地域文化和民族文化等，充分显示了中华民族的厚重文化底蕴和强大民族凝聚力，具有极强的系统性、广博性和规模性。

　　本套书系的特点是全景展现，纵横捭阖，内容采取讲故事的方式进行叙述，语言通俗，明白晓畅，图文并茂，形象直观，古风古韵，格调高雅，具有很强的可读性、欣赏性、知识性和延伸性，能够让广大读者全面接触和感受中国文化的丰富内涵，增强中华儿女民族自尊心和文化自豪感，并能很好继承和弘扬中国文化，创造未来中国特色的先进民族文化。

2014年4月18日

吉祥富贵——牡 丹

依依送别——垂 柳

高洁品格——梧　桐

洁净无染——荷　花

红红火火——石　榴

坚强不屈——松　柏

牡丹是我国固有的特产花卉，有数千年的自然生长和2000多年的人工栽培历史。牡丹花大、形美、色艳、香浓，被拥戴为花中之王，为历代人们所称颂，有关文化和绘画作品也很丰富。

牡丹花开之时繁花似锦、绚丽灿烂，美丽花姿让人为之倾倒，雍容典雅、富贵祥和，寓意国家繁荣昌盛、兴旺发达；对于牡丹的喜爱成为中华民族精神和优秀品格象征，成为美的化身，有纯洁与爱情的象征意义。

有史以来，牡丹见于历代各种古籍中，也在许多民间传说故事中广泛流传，是中华民族文化和民俗学的一个重要组成部分。

吉祥富贵

牡丹

王母娘娘金丹化牡丹

很久很久以前，在横亘数百里的北邙山中，住着一对善良的小夫妻。小两口男耕女织，恩恩爱爱，因为无欲无求，日子过得还算顺心。但他们有一件心事，就是夫妻俩已经成亲3年了，想尽了各种办法，吃尽了各种中药，却还没有孩子。

牡丹古画

有一天，丈夫上山砍柴，看见一只凶猛的老鹰正伸展着翅膀，用尖锐的爪子撕扯着一只体形娇小的鹦鹉，锋利的喙上沾着血迹。遍体鳞伤的鹦鹉在无力地挣扎，色彩斑斓的躯体在渐渐失去活力。

农夫连忙放下怀里的树杈，举起镰刀向老鹰挥去。老鹰被吓跑了，那只鹦鹉奄奄一息地躺在地上。善良的农夫把鹦鹉抱在怀里，带回了家中，并给它疗伤。

鹦鹉的伤养好之后，十分感激这对夫妇，就留在了农夫的家里。它每天为妻子唱歌解闷，和农夫聊天做伴，夫妻俩也越来越喜欢这只鹦鹉。

有一天，妻子给鹦鹉喂食之后，站在窗前叹气。鹦鹉问道："你在为何事悲伤呢？"

妻子说："我唯一的愿望就是能有个孩子，可惜总也不能如愿。"

鹦鹉听了这话，快活地抖了抖羽毛，说："原来是这样啊。我能帮到你，你就等着吧。"随后，鹦鹉飞走了。

过了7天，鹦鹉飞回来了，嘴里衔着一株灵芝草，让女主人吃下了。

不多久，女主人就生了个胖小子。夫妻俩欣喜若狂，为了感激和纪念给他们带来灵芝的鹦鹉，就给儿子取名叫鹦哥。

鹦哥10岁那年，邙山上流行一种病，好多人染病卧床不起，农夫不幸去世，鹦哥的母亲也奄奄一

■ 古画中的牡丹

北邙山 又名北芒、邙山、北山、平逢山、太平山、郏山。北邙山海拔300米左右，东西横亘数百里，位于河南洛阳。主峰翠云峰，峰上树木郁郁葱葱，苍翠若云，故称"翠云峰"。翠云峰风景秀丽，是消夏胜地，历史上许多王公将相都选择最后在此安息。

古画中的牡丹

息了。鹦哥回想起自己的身世，想再次找到当时鹦鹉带来灵芝草的地方，他相信那里一定有更多神奇的药草。

鹦哥走呀，走呀，也不知道蹚过了几条河，翻过了几道岭，眼看走不动了。这时，只见一位拄着拐杖、慈眉善目的白胡子老人站在他的面前。

白胡子老人看见小鹦哥后，问他说："孩子，你这是要出远门吗？你要到哪里去啊？"

鹦哥难过地回答说："我只想到远处的深山里，去寻找能为我母亲治病的仙草。"

白胡子老人摇摇头说："你母亲得的是冷热病，灵芝草治不好的。"说着，他从怀里掏出一块石头，交给了鹦哥，"你把这石头磨成钥匙，也许你母亲就能痊愈了。"说完，白胡子老人就不见了。

鹦哥在小溪边找到一块青石板，在上面不分白天黑夜地磨起来。他磨呀磨呀，胳膊累肿了，手也磨烂了，一滴一滴的血滴到手中的石头上。谁知那血一滴到石头上，石头就缩小一点。滴着滴着，那石头突然"啪"的一声裂开了，从里面跳出一把金光闪闪的小钥匙。

鹦哥慌忙拾起来，正要去找那白胡子老人，不料一转身，发现老人就站在自己身后。

老人笑嘻嘻地说："你真是个孝子啊！这把钥匙可不是普通的钥匙，它能打开王母娘娘的住所——瑶池的门。那里面放有金丹，只需一粒，就可救你母亲的命。"说完，老人吹口仙气，把鹦哥送到了王母娘娘住的昆仑仙岛。

鹦哥来不及细细打量仙境的景色，一心挂念着母亲，就急忙用石头钥匙打开了瑶池的门，找到了金丹葫芦，倒出一粒金丹。他刚要出门，又想起邙山的乡亲们也需要金丹救命，就把葫芦来个底朝天，将金丹装满了衣兜，结果耽误了离开的时间。

恰在这时，王母娘娘的侍女来到了瑶池，她发现瑶池的门被打开了，金丹也被偷走了，急忙跑回去告诉了王母娘娘。王母娘娘大怒，立即派仙兵追赶偷金丹的人。

鹦哥根本跑不过仙兵。正在焦急的时候，他从云缝间看到自己的正下方，正是凡间的邙山了，就不顾一切把金丹全部撒下，心想：既然快被追到了，希望乡亲们谁捡到金丹，保住一命吧。

王母娘娘带着仙兵抓住了鹦哥，正要

吉祥富贵
牡丹

王母娘娘 也叫金母、瑶池金母、瑶池圣母或西王母，是我国神话传说中掌管灾疫和刑罚的天神，是一位慈祥的女神。传说王母娘娘住在昆仑仙岛，掌管着瑶池和吃了之后可以长生不老的蟠桃。另外，西王母与玉帝的王后王母娘娘并非同一人。

■ 古画牡丹

色借相公祍上紫
香分太掖殿中烟
拟北宗徐熙赋色

■ 古画中的牡丹

草木美誉与文化象征

南极仙翁 古代神话传说中的老寿星，又称南极真君、长生大帝、玉清真王，为元始天王九子。因为他主寿，所以又叫"寿星"或"老人星"。传说经常供奉这位神仙，可以使人健康长寿。秦始皇统一天下时就开始在首都咸阳建造寿星祠，供奉南极老人星。

处罚他的时候，那位神秘的白胡子老人突然出现了。原来，他就是南极仙翁。

南极仙翁对王母娘娘说："这孩子并非是因为贪心，而是他想救治家中的母亲和乡亲们。这么小的孩子，难得他心地善良又有孝心，还经历考验从仙石里磨出了钥匙，请饶他不死吧。"

王母娘娘慈悲为怀，点头应允。仙翁又告诉鹦哥："你撒下的金丹会即刻长出一种奇花，你回到人间之后，记得教人用它的根熬药治病，大家都会安然无恙。"

原来的邙山，花朵种类很少，颜色也谈不上鲜艳。不仅邙山的花少，其他地方也很少有什么花，世间一切都是淡淡的，毫无趣味可言。人们的生活少了花朵的陪伴，自是十分乏味。

鹦哥回到邙山，但见到满山遍野都是鲜花。这些鲜花很奇异，花朵硕大，花瓣肥厚，花蕊也非常多，颜色更是令人目不暇接，有红色的、黄色的、白色的、粉色的，红的似火，黄的似金，粉的似霞，白的似玉。鹦哥看着这些花，顿觉赏心悦目。

鹦哥在路边挑几株枝叶长势茂盛的花，把根刨出来。回到家里，一边给母亲讲述自己的经历，一边用花根给母亲熬药汤。母亲喝了这种用花根熬的汤后，病立马好了，人也变得年轻了许多。

鹦哥又赶紧把根汤可以治病的消息告诉了乡亲们。大家兴奋异常，纷纷提篮携锄，上山去刨花根，有的用来治病，也有的把刨回的花根栽在家中，用来点缀生活。

因为这种美丽的花是王母娘娘的金丹变的，人们就把这花取名"母丹"。母丹开的花异常美丽，香气四溢，成为名贵花草，世上都称它"国色天香"。

后来，人们又发现这花分为雌、雄两种，雌的称"牝"，雄的称"牡"。雌的慢慢演变成了芍药；雄的，人们又给它改名叫"牡丹"。至今，人们还称牡丹和芍药是姊妹花。

阅读链接

在历史上，古都洛阳的牡丹为最多、最好，传统名种有开黄花的"姚黄"和开紫花的"魏紫"。每年的四五月份"洛阳牡丹花会"期间，中外游人群集，共赏花王。

我国的牡丹文化是精神文明和物质文明相结合的产物，从古今中外牡丹发展的历史来看的确如此，牡丹发展多在盛世，太平盛世喜牡丹，牡丹文化也如此。牡丹在我国不仅被称为花之富贵者，还具有很高的药用价值。用牡丹的根加工制成"丹皮"，是名贵的中草药。

才女薛涛制作牡丹笺

薛涛画像

薛涛是唐代女诗人。少年时随做官的父亲薛郧来到蜀地，父亲去世后薛涛居于成都。

薛涛自幼聪慧，常常沉浸在小女孩的梦幻世界里。聪敏的薛涛偶尔能瞥到父亲站在院子里高大的梧桐树下，抬头凝视着它茂盛的枝叶。

薛涛很喜欢梧桐树，在盛夏时，她经常躲在这棵梧桐茂密如绿伞的树荫下歇息玩耍。蜀中的夏天实在是太热了，但这片郁郁葱葱的树冠总能神奇地在天地间为小薛涛隔出一片阴凉。

薛涛虽然年纪小，却已经是蜀中里人人交口称赞的小才女了。无论是谁，

只要提到薛郧家的小千金，都会竖起大拇指夸赞不已。毕竟，还有谁家的女儿也能如此聪明乖巧，灵动秀气呢？

八九岁时，稚气未脱的薛涛就已经通晓各种音律，熟知古曲，并且出口成章了。多才多艺的小薛涛长得很美，弯弯的柳叶眉下长着一双水汪汪的杏仁眼，闪耀着灵动的光，能说会道的朱唇不点而红，令人心生怜爱。

薛郧自然也是为如此可爱又出色的女儿而自豪，但是他心里总有那么点不踏实。到底是因为什么呢？薛郧自己也不知道。

可能是怕如此聪慧的女儿以后会不甘心平淡度日吧？可能是怕她过人的才华招来祸端？也可能是，薛涛似乎天生就有种敢冲破教条，我行我素的气质。薛郧能够感觉到，女儿看似柔弱的身躯下隐含着一股强大的爆发力。

■ 清代画家李鱓花卉图之二《牡丹》局部

吉祥富贵

牡丹

千金 千金有两层含义，一是古时把富贵人家的女孩称"侯门千金"，后来泛称女孩叫"千金小姐"；二是2000年前的秦朝以一镒为一金，汉朝以一斤金子为一金。秦汉时金多指黄铜，"千金"实为"铜千金"。后来人们也就将未婚女孩专称为"千金小姐"。

草木美誉与文化象征

■ 郎世宁《花鸟图》局部

竟陵派 明代后期文学流派，因为主要人物都是竟陵人，因此被称为竟陵派。是明末反对诗文拟古潮流的重要一派，倡导"幽深孤峭"的风格，文风求新求奇，不同凡响，刻意追求字意深奥。其创作特点是刻意雕琢字句，求新求奇，以致语言艰涩隐晦。

这种本来只是隐约的担忧，终于在一天彻底爆发了出来，而导火线，就是庭院中的那棵梧桐。

这一天，薛郧和薛涛父女俩一起在院子里乘凉，小薛涛在院子里不亦乐乎地扑打着蝴蝶，薛郧微笑着看她跑来跑去，直到小小的脑袋上有了汗珠。

梧桐树的叶子被风吹得哗啦作响，薛郧一下子又来了兴致。他招呼女儿："涛儿，过来，让为父再考你一考。"

薛涛不言不语，马上乖巧地跑到父亲身边，黑亮的眸子一眨一眨地望着薛郧的脸庞。

薛郧看着女儿说："为父要作一首诗，由你来续，讲的就是这棵梧桐，如何？听好，'庭除一古桐，耸干入云中'。"

吟完前两句，薛勋笑吟吟地望着女儿如满月的小脸，目光中满是宠爱与期待。

"爹爹真是会出开头，但是涛儿照样续得上。"薛涛稚气地一撇嘴，随即吟出了一句，"枝迎南北鸟，叶送往来风。"

这两句话让薛勋出了一身的冷汗。都说"三岁看大七岁看老"，这孩子才八九岁的年纪，怎么作出这么飘忽轻浮的诗句来？梧桐枝叶客迎南北飞鸟、往来轻风，怎么可能会安分呢？

不久，薛郧被一场疾病夺走了生命，家境破落的薛涛独居蜀地，渐渐长大了，并从官宦之家的贵族小姐沦落到了歌伎。当年她所作的梧桐诗，真可谓是一语成谶。

我国明末竟陵派诗人钟惺所编的历代女性诗歌作品总集《名媛诗归》里面，记载了这件事情：

涛八九岁知音律，其父一日坐庭中，指井梧示之曰："庭除一古桐，耸干入云中。"令涛续之，即应声曰："枝迎南北鸟，叶送往来风。"父愀然久之。

在当时，歌伎这个行业，其实并不那么简单。首

钟惺（1574年—1624年），明代文学家。字伯敬，一作景伯，号退谷、止公居士，湖广竟陵人。他的记叙、议论、散文都有一些新奇隽永之作。其中《浣花溪记》以生动细腻笔触描绘了唐代大诗人杜甫成都寓地浣花溪一带逶迤、清幽的景色，抒发对杜甫的敬仰之情。

011

吉祥富贵 牡丹

■ 古画中的牡丹

先要懂得音律，能拉会唱，其次还要熟记诗词。否则，即使歌伎的声音如百灵鸟一样婉转动听，唱错了词也是极其扫兴的事情。

只要是能记准词曲，会几样基本的吹拉弹唱的年轻女孩，都是可以当歌伎的。但能区分歌伎技艺高超的关键一点，就是自身的文化素质和涵养。

诗词之所以优美，就在于它记录了作者的一片深情。短短几个字，嬉笑怒骂尽在其中。人生的无限感慨，别离的悲凉凄苦，相逢的兴高采烈，月色的阴晴圆缺，天地万物，几句诗文却能详尽地一一道出。

如此美妙的诗文，如果吟唱的时候却不解其意，用错了语气声调，那可就太令人扼腕了。尤其，有些诗文写的很是巧妙，大部分人读是一种味道，有心者去解读就又是另一种味道。

在这种情况下，花容月貌，舞姿曼妙，能说会道，心思细腻，嗓音如黄鹂一般婉转动听，又有着极其深厚的文学修养的薛涛，自然成了歌伎之中的佼佼者。一时间，文人墨客，往来游子，大多倾巢而出，一掷千金，只为能一赏她的姿容。

薛涛是个心思灵动的女孩，她嫌用来写诗的笺单

■ 古画中盛开的牡丹花

节度使 古代官职之一。节度使是从唐代开始设立的地方军政长官，集军、民、财三政于一身，又兼统两至三镇，甚至四镇，权力很大。节度使除本州府外，还统领一州或数州府。

调笨重，就用木芙蓉皮做原料，加入花汁，制成了各色精美的小彩笺，被人称为"薛涛笺"。

薛涛笺精致小巧，色泽鲜艳，极其受人欢迎，多用于写情诗情书，表达爱慕思念之意，在当时及后世极为流传。后来还有人打造出了以牡丹花色为原型的十色薛涛笺，有深红、粉红、杏红、明黄、深青、浅青、深绿、浅绿、铜绿、浅云等色泽。

就这样，薛涛如初绽的牡丹一样惹眼。她毫不掩饰自己的姿容，伸展着柔美的身躯，用锦簇的花团和雍容的姿态迷住了无数名流雅士。

此时的薛涛没有像其他做歌伎的女子一样被人看轻，而是成了人们另眼相待的才女。

当时的剑南节度使韦皋注意到了薛涛，见她文采出众，就让她帮自己做一些文字工作，相当于后来的"女秘书"。

薛涛才思敏捷，聪明伶俐，工作起来一丝不苟。她带着感恩的心态，把韦皋的事打理得十分妥当，令韦皋甚至向朝廷申请，打算举荐薛涛任校书郎。

在古时，让一个弱女子去得到官位可不容易，虽然当时的朝廷没有同意，但薛涛的卓越才能还是令她得了"女校书"这个别称。

清代画家马逸《国色天香图》局部

■ 古画牡丹图

正如牡丹一样，薛涛有着令梅花难以企及的繁复花团，有着令秋菊失色的富丽堂皇，还有着比蝴蝶的翅膀更加斑斓的花色。薛涛这一朵牡丹，就这样轰轰烈烈地盛开了。

天有不测风云。后来，赏识她的韦皋去世了，薛涛从此失去了依靠。但是好在她又碰到元稹。元稹的才华彻底征服了心高气傲的薛涛。

在当时，元稹的诗歌具有相当的轰动效应，"每一章一句出，无胫而走，疾于珠玉"，他的诗歌走俏，比珠玉转手还快。但是能与她惺惺相惜的元稹因为工作关系，也离开了薛涛。

孤身一人的薛涛虽然还有着才女的美名，虽然还有着千古以来第一位"女校书"的英气，但还是感到了深深的落寞。她忆起过往的岁月，想到如今的处境，写下了一首《牡丹》诗：

去春零落暮春时，泪湿红笺怨别离。
常恐便同巫峡散，因何重有武陵期？
传情每向馨香得，不语还应彼此知。
只欲栏边安枕席，夜深闲共说相思。

在这首诗中，薛涛通过吟哦牡丹表达了自己的情感：牡丹啊，去年的时候，花团锦簇、香气逼人的你凋落了，我看着你就这样离我而去，泪水打湿了写着情诗的信笺。既然你的美色如此惊人，又为什么如此残忍地要我面对和你的别离呢？

楚襄王曾和巫山神女梦中幽会，我们会不会像他们那样，从此一散而不复聚呢？可是你今年又盛开了，你我就这样神奇地再次相遇，也不枉我曾经那么望眼欲穿地等待着你。

你我之间不言不语，但你的香味已经娓娓道出了你对我的情思。我们两个互相依赖啊，简直就像恋人一样，你就是我，我就是你。静静地看着你柔美的花瓣，闻着你浓郁的香味，我们彼此的心情却已经明了了。

世事无常，我失去的已经太多了。不知你可不可以与我相守一生，在夜晚时和我私房夜话，我们两个彼此依赖，共同陪伴着走完剩下的岁月呢？

牡丹这一千古奇花，在薛涛这里被赋予了深刻含义。曾经梦想着像梧桐一样招摇的薛涛，在经历世间沉浮之后，终于在牡丹身上看见了自己的影子。

阅读链接

宋代之前没有牡丹专著，有关牡丹的记载散见于各种典籍。到宋代，为牡丹作谱记的人多了起来，其中比较著名的有欧阳修和周师厚。

周师厚居官洛阳这段时间，他参照唐人李德裕的《平泉山居草木记》、北宋欧阳修的《洛阳牡丹记》以及范仲淹的花谱，在洛阳各园对照花名进行研究，于元丰年间撰成《洛阳牡丹记》一卷，记载了当时洛阳的名贵牡丹品种55种，其中仅有9种在欧阳修版中有记录。

杨贵妃与牡丹花比美

草木美誉与文化象征

绘画中的贵妃与牡丹

　　薛涛笔下的牡丹是一位与她同病相怜的佳人，但在其他大多数诗人的眼里，牡丹是绝对与"凄凉"两字挂不上钩的。这其实也和我国的历史有关。

　　世人皆知，我国的诗歌发展最蓬勃兴盛的时代，就是在唐代。唐代是我国历史上一个令人无比神往的朝代，国境安定，君主豁达，百姓安居乐业，一派太平盛世之景。

　　诗人是吟咏生活的艺术

家，生活安定了，诗人们自然也就有了更多的心思吟诗作乐。逐渐地，唐诗发展得精丽华美、雄健清新、兴象超妙、韵律和谐，形成了我国的文化瑰宝。

■ 古画中牡丹圆盛开的情景

　　在这样欣欣向荣的景象中，富丽堂皇的牡丹自然而然地成为了当时的唐王朝最受欢迎的花朵。不止是皇宫的御花园里、大官显宦的府第里栽植着牡丹，就是一般文人学士的住宅、和尚道士的寺院道观也都栽满了牡丹。

　　当时的唐人是以富态丰满为美，而牡丹端庄艳丽，雍容华贵，正符合唐人的审美标准，因此他们便推尊牡丹为"花王"。

　　每当春末夏初，赶上牡丹花开放的时节，唐人都要在京城里举办声势很大的"牡丹花赛"，以此来显

唐诗　泛指创作于唐代的诗。唐诗是汉民族最珍贵的文化遗产，是汉文化宝库中的一颗明珠，同时也对周边民族和国家的文化发展产生了很大影响。唐代被视为我国各朝代旧诗最丰富的朝代，因此有唐诗、宋词之说。

示国势的强大和升平的景象，并以牡丹品种的多少花色动人与否来显示各府第的尊贵地位。

在牡丹的雍容大方面前，什么高洁的花都毫无颜色了。唐代诗人刘禹锡就曾作诗《赏牡丹》说：

庭前芍药妖无格，池上芙蕖净少情。
惟有牡丹真国色，开花时节动京城。

唐玄宗李隆基更是一个牡丹花迷。他每年都会在京城里举行盛大的"牡丹花赛"，其品种的繁多，颜色的奇特，声势的浩大就更不用说了。在唐玄宗每次和大臣们观赏牡丹的时候，还要饮酒咏诗和配以歌舞助兴。

唐玄宗如此痴迷牡丹，其实也和他的爱妃杨玉环有关。杨贵妃是我国古代四大美女之一，有着"羞花"之貌。她的美和牡丹一样"丰肥浓丽、热烈放姿"，唐代诗人白居易更是以"回眸一笑百媚生，六宫粉黛无颜色"来形容她的美貌。

■ 古画中的红牡丹

据说，杨贵妃的"羞花"之貌，羞的就是牡丹花。在她面前，就连牡丹花也会凋零落败，不敢与她争艳。从此，杨玉环留下了"羞花"的美名。

杨贵妃曾羞得牡丹花落败，这件事未必是真，但杨贵妃十分喜爱牡丹花却是不假。根据古籍记载，天生丽质的杨贵妃不仅时常在头上簪一朵牡丹花做妆饰，还常常用牡丹花瓣制成面膜涂抹在脸上，因此她的肌肤细腻而有弹性。

牡丹号称百卉里的"花中之王"，杨贵妃也是唐玄宗眼中的"花中之王"。为了显示杨贵妃的尊贵地位，也为了表达他对杨贵妃的特别宠爱，唐玄宗传旨在他和杨贵妃常常玩乐的华清宫也要广栽牡丹，并派了当时最著名的"花师"宋单父亲自看管。

宋单父精于园艺，他种的牡丹，红白斗色，变异千种，当时的人都惊服他有"幻世之绝艺"。在进入唐宫之前，宋单父就为牡丹的培育和发展做出了非常伟大的贡献，堪称世界上最早的园艺大师。

宋单父接到唐玄宗的命令，就开始在骊山大面积地栽培牡丹，共有万株之多，并且每朵牡丹都是色样各不相同，令人叹为观止。

在宋单父和其他牡丹花匠的辛

古画中的牡丹

勤劳动下，果然培育出了特别优美的牡丹。不但在开放时间上比其他地方的要早，而且在品种色泽上也比其他地方的独特。

唐代著名文学家柳宗元曾在传奇小说《龙城录》中描述宋单父说：

善吟诗，亦能种艺术。凡牡丹变色千种，红白斗色，人不能知其术。

唐玄宗知道了宋单父培育的牡丹独特，心里十分高兴，于是第二年便在京城里举办了声势更为盛大的"牡丹花赛"，并从骊山选择了精心培育的、最优美的品种去进行展出，以显示杨贵妃的高贵。

除爱赏牡丹，唐玄宗还是个歌舞行家，他当皇帝期间，为了适应其歌舞作乐的生活需要，宫廷乐舞机构教坊迅速扩大，乐舞艺人多达数万人，其中名家云集，高手如林。

唐玄宗最喜爱的消遣，就是一边听着音乐，一边和杨贵妃一起欣赏牡丹。开元初年，唐玄宗和杨贵妃在宫中沉香亭前，观赏变色珍品牡丹"娇容三变"，并让著名乐师李龟年领着16名优秀乐工各执乐器，伴奏名曲，还让著名歌伎念奴唱歌，来为他们助兴。

在念奴唱了几支歌后，唐玄宗听出全是旧歌词。极有音乐素养的唐玄宗心中不悦，就想找个人来写几首新词，就对乐师李龟年说："去把翰林学士李白召进宫来，写几首新词再来演唱。"

李龟年听说李白正在前街的一家酒楼上喝酒，便赶到此处，把已喝得酩酊大醉的李白搀下酒楼，扶上马鞍，接到了沉香亭。

一帝一妃，一醉一诗，这是何等的潇洒和谐！如若不是牡丹一般优雅繁荣的世道，又怎么可能会有如此风雅的千古轶事呢？

宋代传奇小说《杨太真外传》遥望前朝旧事时，也是无比的心驰神往，书中记载这件事说：

开元中，禁中初重木芍药，即今牡丹也。得数本红紫浅红通白者，上因移植于

■ 古画中的牡丹

李龟年　唐代乐工。李龟年善歌，还擅吹篳篥，擅奏羯鼓，也长于作曲，等等，他和李彭年、李鹤年兄弟创作的《渭川曲》特别受到唐玄宗的赏识。李龟年作为梨园弟子，多年受到唐玄宗的恩宠，与唐玄宗的感情非常人能及。

兴庆池东沉香亭前，会花方繁开，上乘照夜白，妃以步辇从，诏梨园弟子李龟年，手捧檀板押众乐前，将欲歌，上曰："赏名花，对妃子，焉用旧乐辞为？"遽命龟年持金花笺，宣赐翰林学士李白进清平调辞三章。白欣然诏旨，犹若宿醉未解。

由此一来，风雅的皇帝、娇媚的贵妃、酒醉的诗仙、传奇的乐师、满亭的牡丹，这几个不寻常的存在齐聚一堂，共同构造出了让后世津津乐道的《清平调词》轶事。

李白被称为"诗仙"，平日里就狂放不羁，即使在皇帝面前也不知收敛。好在唐时风气开放，唐玄宗也是个开明宽容的君王，因此从未和李白计较过，就算他喝完酒之后再来写诗也不介意。

借助酒力，李白呼来宦官高力士为他脱去皂靴，又唤贵妃为他磨墨，酒尽诗出，李白一挥而就，便写成新诗三章：

■ 古画白牡丹图

高力士 本名冯元一，唐代著名宦官之一，也是历史上为数不多的贤宦之一，忠心耿耿，与唐玄宗不离不弃，被誉为"千古贤宦第一人"。高力士曾受到女皇帝武则天的赏识，在唐玄宗时其地位达到顶点，由于曾助唐玄宗平定韦皇后和太平公主之乱，因此深得唐玄宗宠信。

其一

云想衣裳花想容， 春风拂槛露华浓。
若非群玉山头见， 会向瑶台月下逢。

其二

一枝红艳露凝香，云雨巫山枉断肠。

借问汉宫谁得似？可怜飞燕倚新妆。

其三

名花倾国两相欢，长得君王带笑看。

解释春风无限恨，沉香亭北倚阑干。

这三首诗，语语浓艳，字字流葩，花人交融，言在此而意在彼。如"云想衣裳花想容"，既绘花光，又摹人面；"一枝红艳露凝香"，花枝招展，花色迷人，晶莹剔透，娇嫩欲滴，暗香浮动，体香袭人。

读这三首诗，如觉春风满纸，花光满眼，人面迷离，不待什么刻画，自然使人觉得这是牡丹美，也是人美，更是温玉伴着流香，天国也不过如此！无怪当时唐玄宗就击节赞赏。

■ 清代张熊画作《花卉图》之牡丹

《杨太真外传》记载这个场面说：

　　龟年捧辞进，上命梨园弟子约略词调，抚丝竹，遂促龟年以歌，妃持玻璃七宝盏，酌西凉州葡萄酒，笑领歌，意甚厚。

　　乐师李龟年歌咏，梨园弟子伴奏。连杨贵妃也命人拿来七宝杯，斟满西域葡萄酒，敬于李白。玄宗也忍不住吹起笛子来。沉香亭内外，牡丹齐放，花香阵阵，歌乐袅袅，一派祥和。这几首名诗就在被牡丹烘托的太平盛世中问世了。

　　牡丹没有菊花的寥落飘逸，也没有梅花的孤高自赏，反而是会令以往朝代的隐士们不屑一顾的娇媚富丽，如此高调繁复的花朵受人欢迎，正是国力强盛，百姓生活安康，人才得以重用的证明。

　　世道不昏庸，人心不险恶，生计不困窘，自然不需要高高挂起，洁身自好。如此一来，谁还能说牡丹只是普普通通的一朵花呢？

阅读链接

　　在诸多牡丹品种中，姚黄十分出众，皇冠花型，颜色淡黄，株形直立，枝条细硬，亭亭玉立，光彩照人。

　　姚黄的颜色不是深黄浓艳之色，而是淡黄色，确切来说接近明黄色。唐代以后，明黄色就是我国古代最尊贵的颜色，只有皇家才能使用，其他人不得僭越。《姚黄传》有记载说，姚黄花出，众人惊叹美色，谓"此皇王之胄，奇种也"，遂进供给唐玄宗，"玄宗赏花大悦"。

洛阳牡丹美誉传天下

　　人们真正关注牡丹，是因为发现了牡丹的药用价值。正如燧人氏钻木取火，使人们告别了茹毛饮血；伏羲氏渔猎狩耕，使人们懂得怎样生存；神农氏尝百草，总结出《神农本草经》，将牡丹列为"中品"，说牡丹能"除症结瘀血，安五脏"。

　　牡丹"唯以药载本草"，自《神农本草经》《黄帝内经》后屡见不

■ 洛阳牡丹唐三彩

古画牡丹图

鲜。之后，人们又发现牡丹的欣赏价值。

南北朝时期的著名诗人谢灵运在《太平御览》中称，"永嘉水际竹间多牡丹"。唐代文人韦绚在《刘宾客嘉话录》中云"北齐杨子华有画牡丹极分明"。南宋学者王应麟在《海记》中更渲染了牡丹的规模栽培，他说：

隋帝辟地二百里为西苑，诏天下进花卉，易州进二十箱牡丹，有赤页红、革呈红、飞来红、袁家红、醉颜红、云红、天外红、颤风娇等。

这也许就是洛阳牡丹人工栽培之始。因无发现其他史料，我国的牡丹专家大多也倾向于把隋炀帝建西苑作为我国牡丹栽培史的源头。

东晋画家顾恺之的力作《洛神赋图》中，有灿然开放的牡丹。据此考证推论，我国牡丹的人工栽培观赏史已有2000多年，在此之前的自然生长时间也有数千年之久了。

古时候，芍药和牡丹，古人区分得并不清楚。郑樵在纪传体通史《通志》中说：

牡丹初无名，依芍药得名，故其初曰木芍药。

真正的芍药仅此一名，而牡丹的别名除了"木芍药"之外还有很多，如鹿韭、鼠姑、牝牡等。隋炀帝还一度称牡丹花为隋花。到了宋代，因洛阳牡丹各地传播，人们又称牡丹花为洛阳花或京花，时常举办花会。

■ 古画中的芍药花

古画洛阳春色图

草木有情

草木美誉与文化象征

宋代古籍《墨庄漫录》记载说：

西京牡丹闻于天下，花盛时，太守作万花会，宴集之所，以花为屏帐，至于梁栋柱拱，悉心竹筒贮水，簪花钉挂，举目皆花也。

北宋文学家欧阳修也在《洛阳牡丹记》中说："洛阳地脉花最宜，牡丹尤为天下奇。"

洛阳牡丹甲天下，得益于洛阳的山川形胜。而洛阳的山川形胜，托起了13朝古都、6朝陪都，坐上了105位皇帝。君临天下，才有了让皇帝们养眼的牡丹；有了装扮他们首善之地人居环境的牡丹；有了他们粉饰太平的牡丹。

人们都习惯于说洛阳牡丹始于隋、兴于唐、甲天下于宋。隋炀帝曾经建西苑引种牡丹，而大唐、大宋两代，国泰民安，洛阳牡丹进入发展黄金期。

唐代以洛阳为东都，宫廷寺观、富豪宅院以及民间，种植牡丹已十分普遍。古籍《杜阳杂俎》里提过"唐高宗宴群臣赏双头牡丹"。唐代笔记小说集《酉阳杂俎》里也记载道：

> 穆宗皇帝殿前种千叶牡丹，花始开香气袭人……东都尊贤坊田令宅，中门内有紫牡丹成树，发花千朵。

唐代诗人辈出，据统计，《全唐诗》就有牡丹诗500余首。这些诗描绘牡丹花姿、记述牡丹风俗、抒发赏花人感受，各领风骚。

牡丹的花期有限，偏偏又赶上人们都偏爱牡丹，因此每到牡丹盛放的时候，就是城中的热闹时候。再加上当时的君主唐玄宗也时常为牡丹举办花会，这样的喜爱就更加狂热。唐代诗人白居易作诗打趣说：

■ 古画牡丹图

元緒丙午盂夏工党御筆

元緒甲辰季春中沈 御筆

墨畫兩州梅賈早 祥雲日下見亨紗 定山段遠水来神 獨逐人間窘書花

古画牡丹图

戏蝶双舞看日久，残莺一声春日长。

花开花落二十日，一城之人皆若狂。

　　唐代监察御史李正封的一句"国色朝酣酒，天香夜染衣"，更为牡丹赢得了"国色天香"的千古美誉。

　　到宋代以洛阳为西京，由于栽培技术不断发展，洛阳牡丹更上一层楼。与此同时，人们对于牡丹的喜爱也到了一个新境界：如果不是牡丹花，那就不能算作花。北宋哲学家邵雍针对这个现象也作过诗：

洛阳人惯见奇葩，

桃李花开未当花。

须是牡丹花盛发，

满城方始乐无涯。

当时的宋代，为了牡丹如痴如狂的不止是平民百姓，连贵为天子的皇帝也是牡丹的忠实拥戴者，有西京洛阳往东京汴梁贡花轶事。

欧阳修在《洛阳牡丹记》中记述道：

■ 古画牡丹图

洛阳至东京六驿，旧不进花，自今徐州李相迪为留守时始进御。岁遣牙校一员，乘驿马，一日一夕至京师，所进不过姚黄、魏花三数朵，以菜叶实竹笼子，籍覆之，使马上不动摇，以蜡封花蒂，乃数日不落。

贡花虽不多，但挺费事儿。但这贡花是给谁看的呢？当然是皇帝。

比起唐代，宋代的牡丹研究有了长足进步，出现了一批牡丹专著。如欧阳修的《洛阳

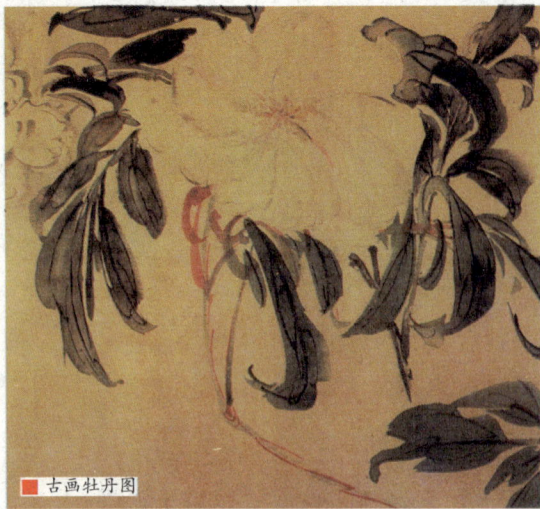
古画牡丹图

牡丹记》、周师厚的《洛阳牡丹记》和《洛阳花木记》、张峋的《洛阳花谱》等。其中，欧阳修写道：

牡丹出丹州、延州，东出青州，南亦出越州，而出洛阳者，今为天下第一。洛阳所谓丹州红、延州红、青州红者，皆彼土之尤杰者，然来洛阳才得备众花之一种，列第不出三已下，不能独立与洛阳敌……谢灵运言永嘉竹间水际多牡丹，今越花不及洛阳甚远。

由于欧阳修等人大力宣传，由此，洛阳牡丹甲天下流传开来。

阅读链接

比起唐代，宋代最出新的事莫过于举办万花会。宋太祖赵匡胤、宋太宗赵匡义兄弟俩皆出生于洛阳，当上皇帝后，自然偏爱家乡，虽都汴梁，但置洛阳为西京，加上皇帝贵族、幕僚大臣多出洛阳，因此洛阳的繁华程度不亚于东京。

宋代大兴土木，建筑宫城、皇城，同时令民间大修宅第园林，使洛阳成为"中国园林之母"，而园林无一不培育牡丹，终使洛阳牡丹甲天下，真是太平盛世，歌舞升平，悠然自得，独树一帜。

垂柳

　　柳树是我国的原生树种，据考证，在第三纪中新世的山旺森林里即有柳树。柳树也是我国被记述的人工栽培最早、分布范围最广的植物之一，殷商时期的甲骨文已出现"柳"字，说明当时柳树已被人们所认识。

　　"柳"即"留"，折柳送别是古代的一种风俗，在抒发离愁别绪的诗词里经常出现。柳树枝条柔软，纤细下垂，微风吹来，随风飘舞，自然潇洒，妩媚动人。尤其是姿态优美潇洒的垂柳，被人们赋予一定的文化内涵，象征着亲人故友之间的依依惜别之情，代表着惹人伤感的忧伤和别离。

垂柳含情来历与传说

传说在很久很久以前，在一个古老的山村里，有一对十分相爱的夫妻。丈夫叫高山，妻子叫流水。流水是个聪明贤惠的女人，心灵手巧的她每天都会把家里收拾得干净利索。

古画中的垂柳

后来，由于皇帝需要在边疆驻守兵将，就在全国开始征兵，身强力壮的高山被征走了。临走时，他对妻子说："你不要急，我会早日归来的。"

但是流水不放心丈夫的安危，就问他说："如果你去了很久，我又不知道你的消息，该怎么办呢？"

高山笑着说："这样吧，如果我给你写了信，就会放在河流里面，让它顺水漂过来，直接漂到村中的河里去。如果你很想我，就时常检查一下河中有没有写在落叶上的信就可以了。"

流水听完这话，依依不舍地送别了丈夫。分别的那一天，她久久地看着丈夫的背影，不肯移开视线。

日子一天天过去了，流水每天穿着最喜欢的绿色裙子，站在村中的河流岸旁向河里看，却许久都没有听说到丈夫的消息。

她在河里看见过小鱼，也看见过小虾，却唯独没看见过丈夫的来信。流水在忧虑之中，变得越来越沉默寡言，身形也随之日渐消瘦。

古画垂柳图

龙王 我国古代神话四灵之一，是非常受古代百姓欢迎的神之一。龙王信仰在古代颇为普遍，古人认为，凡是有水地方，无论江河湖海，都有龙王驻守。龙王能生风雨，兴雷电，职司一方水旱丰歉。因此，人们广立龙王庙，借以祭祀求雨。

天长日久，河中的小鱼、小虾都认识了流水，也听说过流水在期盼丈夫回家的消息，就把这件事告诉了龙王。龙王同情流水的遭遇，就派女儿龙女，去远方查看一下高山的情况。

龙女离开龙宫后变成了一条鱼，日夜不停地游啊游，最后终于游到了高山所在的国境附近。但是高山的情况并不好，因为远离家乡，边疆的生活环境又恶劣，高山早已染上了疾病，不久之前过世了。

龙女很同情流水的遭遇，但她又不忍心告诉她实情，就变成人形对流水说："你的丈夫还在忙呢，也许还要过很久你才能见到他，不如你先回家等上一段时间吧。"

但是流水拒绝了，她说："见不到他，我永远不会安心的。如果你真的想帮我，就让我能永远站在这河边，凝视着他离去时的方向吧。这样一来，等到我的丈夫回来，我就能第一眼看见他了。"

龙女暗自为流水的痴情叹息，更被她的执着感动了。于是，龙女请来了百花仙子，百花仙子将流水的绿色衣服施了法，让它能随着春夏秋冬的变换而改变质地和颜色，又为流水变出了一个棕色的小树墩，让她累的时候可以休息。

流水累的时候就坐在树墩上休息，天冷的时候，不需要回家，身上翠绿而单薄的衣服就会变化成厚实的鹅黄外套。流水不眠不休，每天都坐在河边弯着腰，焦急地注视着远方。

天长日久，流水娇弱的身体逐渐与树墩化为了一体，身上翠绿的衣服也变成了树叶；她柔美的脸庞消逝了，只剩下纤细的枝条。

由于太久没有说话，流水的嗓子已经发不出声音了，微风吹过时，她只是轻轻地抬头张望一下，没有任何声音。就这样，流水逐渐化成了一棵树。

百花仙子感念流水对丈夫的挂念以及她的惜别之情，就到天庭向王母娘娘禀告。王母娘娘将流水化身而成的树变为新的树种，广种在大地之上，让人间所有的

龙女 传说中的龙王的女儿。传说龙女8岁成就佛法，于刹那间，发菩提心，即成正果之事。龙女曾与号称"智慧第一"的舍利佛对话后变成男相，飞往南方无垢世界。龙女成佛后，为了方便教化众生，便在观世音菩萨身旁做了协持。

037

依依送别
垂柳

■ 古画垂柳

■ 古画中江边的垂柳

人都能永远珍视这份真挚、诚恳的感情。

由于流水人如其名，腰肢像溪水一样柔和而优雅，百花仙子就将这种树命名为流树，后来叫着叫着就成了柳树。流水幻化成柳树之后，她美丽的躯体引起了人间很多人的爱慕之情。

女孩们喜爱她温柔的眉眼，就将弯弯的、如柳叶一般的眉毛称为"柳叶眉"。很多人都认为，长有柳叶眉的女孩，都和流水一样，是善解人意的美人。

男孩们则注意到，用细弱的柳条编出来的东西是出人意料的结实，这可能和流水外表看似柔弱，内心却倔强执着有关吧。

阅读链接

因为柳树的来源传说与去世的亲人有关，民间认为柳树属阴物、易招引鬼怪凶邪的说法。柳枝打鬼，就是因为柳树属阴能接触鬼身。

在一些建筑风水中也讲，要是在私家花园中种植柳树，就应远离大门。因为柳树属阴，种植于阳宅大门，久而久之，阴盛而阳衰，会使得家运日渐衰退。柳音同"溜"，如果有了好运，种在家门口的柳树会使这个好运溜走。

清明节戴柳的习俗

那是在春秋战国时代，晋献公的宠妃骊姬是一个工于心计的妃子，她的美貌和头脑不仅彻底迷住了晋献公，还使晋献公处死了太子申生，并流放了晋献公的另外两个儿子——重耳和夷吾。

柳树古画

草木美誉与文化象征

　　重耳流亡在各国，吃了很多苦。由于了解骊姬的为人，为了保全性命，他只好隐藏踪迹，风餐露宿，饥寒交迫，备尝艰难。幸运的是，跟随着重耳逃亡的，还有很多赤胆忠心的谋臣和随从，介子推就是其中的一个。

　　重耳在被流放，只好匆忙上路，连盘缠都没有带足。重耳游走在各国间，希望得到某国国君的支持，得以回晋国夺回王位。

　　重耳一行人自翟国往东，一路颠簸，终于来到卫国境内，没想到卫文公一时糊涂，对重耳没有兴趣，重耳没有得到卫国的一丝援助。

　　在离开卫国的途中，一个叫作头须的随从偷光了重耳的仅有的资粮，逃入深山。重耳无粮，饥饿难忍。

　　在卫国五鹿，重耳终于忍不住了，放下架子，向一个农夫乞讨。可是一个普通农民又有多少粮食去施舍给重耳等十几人呢？

　　农夫从地上拾起土块，调侃重耳："这个，你拿去吃吧！"重耳饥饿难耐，近乎绝望，见农夫这样奚落自己，气愤地举起鞭子要抽打农夫。

这时，跟随重耳一起出逃的狐偃赶忙阻止了重耳，他说："这是上天要赐给我们土地啊！说明我们复国在望。"并且向农夫磕了个头，接过土块，装在车上走了。

为了让重耳活命，介子推到山沟里，把大腿上的肉割了一块，与采摘来的野菜同煮成汤给重耳。

当重耳吃后知道是介子推腿上的肉时，重耳大受感动，声称有朝一日做了君王，要好好报答介子推。

后来，重耳得到了秦穆公的援助，终于返回晋国，继承了君位，成为了后来著名的"春秋五霸"之一晋文公。晋文公感恩于当年与自己同甘共苦的臣子们，对随从们大加赏赐，却遗忘了介子推。

介子推原本是个低调的人。他一贯忠心耿耿，认为自己追随君主是本分，没必要邀功请赏。同时，介

秦穆公 嬴姓，名任好。春秋时期秦国国君。在位共39年，谥号"穆"。秦穆公在《史记》中被认定为"春秋五霸"之一。秦穆公非常重视人才，其任内获得了百里奚、蹇叔、由余、孟明视、西乞术、白乙丙等贤臣良将的辅佐，曾协助晋文公回到晋国夺取君位。

■ 古画中江边的垂柳

■ 古画中的柳树

草木有情

草木美誉与文化象征

杂家 战国末至汉初哲学学派，以博采各家之说见长。以"兼儒墨，合名法"为特点，"于百家之道无不贯通"。《汉书·艺文志》将其列为"九流"之一。杂家的出现是统一的封建国家建立过程中思想文化融合的结果。杂家著作以战国《尸子》、秦代《吕氏春秋》、西汉《淮南子》为代表。

子推还十分轻视那些追随晋文公后还追逐荣华富贵的谋臣们。

战国杂家代表名著《吕氏春秋》里记载道，介子推曾作一首诗以明志：

有龙于飞，周遍天下。
五蛇从之，为之丞辅。
龙反其乡，得其处所。
四蛇从之，得其露雨。
一蛇羞之，死于中野。

后来，介子推就和他诗中"死于中野"的蛇一样，默默地隐居绵山，成了一名不食君禄的隐士。

介子推有个邻居叫解张，他将介子推的行为看在眼里，很为介子推鸣不平。在介子推走后，解张还特意写了一首隐喻诗挂到城门上，提醒晋文公不要忘记介子推的旧恩，诗写道：

龙失其所，周游天下，众蛇从之。
龙饥乏食，一蛇割股。龙返于渊，
安其壤土。数蛇入穴，一蛇干野。

晋文公看到这首隐喻诗后，猛然忆起旧事，心中有愧，马上差人去请介子推上朝受赏封官。可是，差人去了几趟，都请不来介子推。

晋文公亲自来到介子推家，却发现大门紧闭，介子推已经背着老母躲进了绵山。晋文公连忙让他的御林军上绵山搜索，却没有找到。

于是，有人就出了个主意说，不如就放火烧山，三面点火，留下一方，大火一起，介子推会自己走出来的。

晋文公于是下令放火烧山，可谁知大火一连烧了三天三夜，直到熄灭后，终究也不见介子推的身影。

晋文公又让将士们上山搜，最后发现，介子推母子俩抱着一棵烧焦的大柳树，已经去世了。

晋文公没想到介子推为表明气节居然甘愿献出生命，感慨和内疚之下，他望着介子推的尸体哭拜。

这时，晋文公发现介子推脊梁堵着个柳树树洞，洞里好像有什么东西。掏出一看，原来是片衣襟，上

《吕氏春秋》
也叫《吕览》，公元前239年前后秦国丞相吕不韦集合门客们共同编撰的杂家代表名著。成书于秦始皇统一我国的前夕。此著作为十二纪、八览、六论，共12卷，160篇，20余万字。注重博采众家学说，以儒、道思想为主。融合墨、法、兵、农、纵横、阴阳等各家思想。

■ 古代山水画中的柳树

■ 古画中江边柳树

面题了一首血诗:

割肉奉君尽丹心,但愿主公常清明。

柳下作鬼终不见,强似伴君作谏臣。

倘若主公心有我,忆我之时常自省。

臣在九泉心无愧,勤政清明复清明。

祠堂 指族人祭祀祖先或先贤的场所。除了"崇宗祀祖"之用外,各房子孙平时有办理婚、丧、寿、喜等事时,也利用这些宽广的祠堂作为活动之所。在我国古代,家族观念是相当重的,往往一个村落就生活着一个姓的一个家族或者几个家族,都会建立自己的家庙祭祀祖先。

晋文公将血书藏入袖中,然后把介子推和他的母亲分别安葬在那棵烧焦的大柳树下。为了纪念介子推,晋文公下令把绵山改为"介山",在山上建立祠堂。他暗自决定,把放火烧山的这一天定为寒食节,晓谕全国,每年这天禁忌烟火,只吃寒食。

临下山时,晋文公带回一段烧焦的柳木,到宫中做了双木屐,每天望着它叹道:"悲哉足下。"

"足下"是古人下级对上级或同辈之间相互尊敬的称呼,据说就是来源于此。

在介子推一周年之祭，晋文公领着群臣，素服徒步登山祭奠，表示哀悼。行至坟前，只见那棵老柳树死树复活，绿枝千条，随风飘舞。

晋文公望着复活的老柳树，就像看见了介子推一样，他敬重地走到跟前，小心地掐下了一枝，编了一个圈儿戴在头上。祭扫后，晋文公把复活的老柳树赐名为"清明柳"，又把这天定为清明节。

晋文公总是把介子推血书放在衣袖里，作为鞭策自己执政座右铭。他勤政清明，励精图治，把国家治理得很好。他当初提出的戴柳也得以流传和发扬，渐渐成为了一种风俗。

在我国民俗中，清明戴柳，有将柳枝编成圆圈戴在头上的，也有将嫩柳枝刮结成花朵而插于头髻的，还有直接将柳枝插于头髻者。南宋时，戴柳就是孩子成年的标志。记载民俗的著作《梦粱录》里说：

凡官民不论大、小家，子女未冠笄者，以此日上头。

据此，后世便有"纪年华"之遗俗，并演化成妇女戴柳球于鬓畔，以祈盼红颜永驻。这样一来，青青的春柳，又有了象征青春之义。春季妇女戴柳，则表现出对青春年华的珍惜与

晋文公 姬姓，名重耳。初为公子，谦而好学，善交贤能智士。后受迫害离开晋国，游历诸侯。漂泊19年后终复国，开创晋国长达百年的霸业。文治武功，昭明后世，显达千秋，与齐桓公并称"齐桓晋文"，为后世儒家、法家等学派称道。

古代山水画中的柳树

留恋。

明代学者田汝成所著的散文集《西湖游览志余》里记载道：

> 家家插柳满檐，青茜可爱，男女或戴之。

清代女诗人杨韫华曾作诗《山塘擢歌》说：

> 清明一霎又今朝，
> 听得沿街卖柳条。
> 相约毗邻诸姐妹，
> 一株斜插绿云翘。

古代山水画中的柳树

此外，各地的民间谚语也有说："清明不戴柳，红颜成皓首。""清明不戴柳，死后变黄狗。""清明不戴柳，来世变猪狗。"戴柳被人们认为有辟邪的功用。

阅读链接

无论是民间传说还是史籍典章的记载，清明节插柳总是与避免疾疫有关。古人认为三月三在河边祭祀时，头戴柳枝可以摆脱毒虫的伤害。宋元以后，清明节插柳的习俗非常盛行。人们踏青玩游回来，在家门口插柳以避免虫疫。

古人以清明、七月半和十月朔为三大鬼节，是百鬼出没讨索之时。人们为防止鬼的侵扰迫害而插柳戴柳，可见柳在人们的心目中有辟邪的功用。

依依不舍的折柳相赠

我国民俗文化中，有各具特色的代表性负载物，柳就是其中之一。柳在漫长的文化进程中，融入了人们的精神世界之中，渐渐形成了送别文化和高洁文化。

俗话说："天下无不散的筵席。"对于古人来说，别离更是人生的一大悲事。因为古时交通不便，世事难料，谁也不知道此刻和自己告别的那个人，还能不能再见到一面。

汉代发展出一种"折柳送别"的习俗。这大概是因为古代长安人送别时往往必经灞桥的缘故。灞桥多柳，柳又与"留"谐音，再加上《诗经》

古画中的柳树

古代山水画中的柳树

草木有情

草木美誉与文化象征

中杨柳依依不舍之情萦绕在人们心头，古人就以折柳赠别来表达与亲朋好友的留恋不舍之意，从而发展成了我国独特的折柳送别的文化，且历代不衰。

面对分别和伤感，才华横溢的诗人们往往出口成章，用忧伤的诗词来表达自己的心情。而普通百姓或娇羞的女孩们，则会默默折下一串柳叶赠给对方，取柳叶名称的"留"意，希望对方能够明白自己的心意。

男子在故友之间相送也会折柳赠送。有的时候，柳叶表达的不仅仅是依依惜别的心情，还有着希望对方像柳树一样，即使流落到异乡也能生根发芽，心情如意。

更有人在异乡想起已故或分别两地的亲友时，自知相见无望，就去折一串柳叶，静静怀念当年分别，两人相送时对方的音容笑貌。斯人已去，剩下的只有柳枝和满满的回忆。

"折柳送行"的习俗，最早见于我国第一部诗歌总集《诗经》里的《小雅·采薇》：

昔我往矣，杨柳依依；

今我来思，雨雪霏霏。

意思是说，昔日我离去的时候，杨柳还是垂然娇媚的样子。如今我归来，却只剩空冷的雨雪了啊。这短短16个字，刻骨的离愁跃然纸上。

南北朝时期的乐府诗《鼓角横吹曲》中也有《折杨柳枝》，歌词中写道：

上马不捉鞭，反拗杨柳枝。
下马吹横笛，愁杀行客人。

杨柳就像一把温柔的刀，细细弱弱，和和气气，初看时，满眼只是它柔嫩的绿和垂头的温和姿态，像是客客气气地在和百花鞠躬。满树的柳叶更是柔美，让人想起美人的眉梢。

在人们的意识里，柳树蕴含着满满的回忆。看着它长长的枝叶，不禁让人想起昔日时，自己为故人折柳的景象。

当时折下的那长长一串，柳树早已经长出来了。过了这么久时间，不知故人身在何方，现状如何，过着怎样的日子呢？于是，赏景的心情一下子就沉重起来，回忆和挂念惹人满脸泪痕。

唐代的王昌龄是边塞诗人，作为诗人，他总能敏捷地捕捉到世人的每一点微妙情绪。而多愁善感的王昌龄，更是以柳为对象，抒发离愁之苦。柳叶对王昌

边塞诗人 古代以边疆地区生活和自然风光为题材写作的诗人。边塞诗人的产生，是因为不少文人到边塞寻求建功立业的机会，或者有些文人向往边塞风光和塞外生活。他们多描写边地的山川景物，风土人情，反映塞上战争和军旅生活。我国著名的边塞诗人有王昌龄、高适、岑参等人。

　　王昌龄不仅见惯了柳叶，还能从带着柳叶的离人身上，思及送别者的惆怅心情，以至被后人称为"七绝圣手"。王昌龄写过一首《闺怨》的诗：

闺中少妇不知愁，春日凝妆上翠楼。

忽见陌头杨柳色，悔教夫婿觅封侯。

　　这首诗描述的是：刚刚新婚后不久的小妻子，到底还是年轻，未曾历经人世沧桑的她似乎每天都满心愉快，无忧无虑。春天到了，爱美的她细心打扮登上翠楼，无忧无虑地赏着春景，满心欢喜。

　　突然间，她瞥见了街边的杨柳。那柔嫩又熟悉的青绿色勾起了她的回忆。这正是昔日她泪眼婆娑折给丈夫杨柳枝的那棵杨柳啊！

孟子（约前372年—约前289年），名轲，字子舆，东周战国时期伟大的思想家、教育家、政治家、文学家、雄辩家，被后世尊称为"亚圣"。孟子是儒家的主要代表之一，他在政治上主张仁政，提出"民贵君轻"的民本思想。在学说上推崇孔子。

草木有情

草木美誉与文化象征

■ 古画中江边的柳树

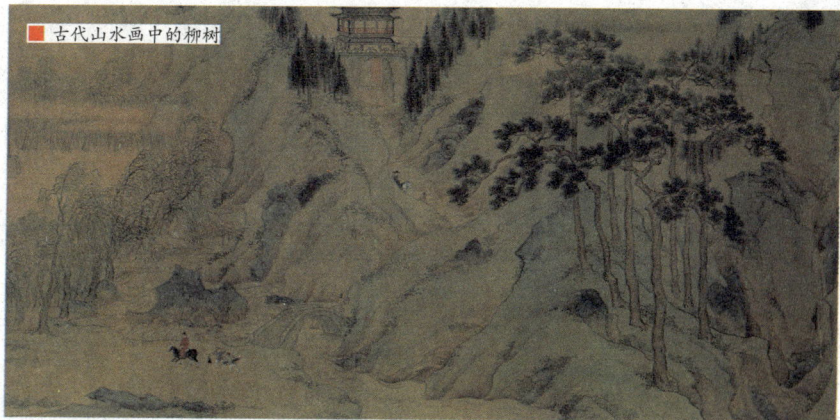
古代山水画中的柳树

　　睹物思人，如今的他身在哪里，境况如何呢？悔不该要求他觅取封侯啊，如果他没有远离，功名利禄又算得了什么呢？世间离别是常事，但此刻能寄托自己心意的，也只有街边这棵杨柳了。

　　在春秋时期，鲁国便出了一个被孟子称作圣人的柳下惠，他也是柳姓的始祖。柳下惠名获，字禽，去世后被谥号为"惠"，因此被称为柳下惠。《孟子》中提到柳下惠，并引用他的话：

　　柳下惠不羞君，不卑小官；不隐贤，必以其道；遗佚而不怨，厄穷而不悯。故曰："尔为尔，我为我，虽袒裼裸裎于我侧，尔焉能浼我哉。"

　　可见，柳下惠以其高洁的品质取得了人们的广泛信任，后人也因而以爱柳来表达自己对高洁操守与纯正品格的追求。

　　柳被视为高洁品质的表征物，在东晋的陶潜那里得到了突出的体现。他以堂前的五棵柳树自命，作《五柳先生传》，以自喻不慕名利、忘怀得失的高洁品质。世人也因此称他为"五柳先生"。

　　陶潜的《五柳先生传》，使柳的高洁文化在中华文化中有了准确定位，成为了"不戚戚于贫贱，不汲汲于富贵"的高尚品格之象征。

■ 古画雨余柳色图

我国历史上还流传下来一些颇具传奇色彩的关于柳的典故和传说。

在汉代，因军纪严明，战功突出，深得汉文帝刮目相看的名将周亚夫曾屯军细柳营，后来"细柳营"因此成为军营的别称。这一别称在后人的诗词中广泛应用，如王维的《观猎》："忽过新丰市，还归细柳营。"

隋炀帝开凿运河时，沿汴河修建隋堤，并在运河两岸及堤坝上大量种植柳树。古代传奇小说《炀帝开河记》中有如下精彩的描写：

《炀帝开河记》宋代传奇小说之一，著者不详。鲁迅推定是北宋人所作。是第一篇以隋炀帝修运河为主题的奇文，但学界鲜有对其文本做具体研究。它虽非佳作，但颇有古代小说风味，对前朝文学经验有借鉴也有发展，其中不少情节成为后世小说和演义的素材来源。

翰林学士虞世基献计，请用垂柳栽于汴渠两堤上。一则树根四散，鞠护河堤；二乃牵船之人，护其阴凉；三则牵舟之羊食其叶。上大喜，诏民间有柳一株，赏一缣。百姓竞献之。又令亲种，帝自种一株，群臣次第种，方及百姓。时有谣言曰：天子先栽，然后百姓栽。栽毕，帝御笔写赐垂杨柳姓杨，曰杨柳也。时舳舻相继，连接千里，自大梁至淮口，联绵不绝。锦帆过处，香闻百里。

这虽然属小说家言，不过，纵观史实，把柳树栽植在运河岸上，还是可信的。

在古代，柳是诗词中最常见的静物之一。虽然在隋代之前，柳已经出现在古人的诗词中，但是，柳在诗词中的普及却是在隋唐以后。

唐代是诗词繁荣的时代，咏柳的诗也非常之多，以柳起兴的诗就更多了，这也是我国柳文化的一个特点。唐代李白的《劳劳亭》：

天下伤心处，劳劳送客亭。
春风知别苦，不遣柳条青。

这是写柳与离别的一首上乘佳作。还有唐代诗人王之涣有送别诗句"杨柳东风树，青青夹御河"，这里的杨柳指的就是垂柳，而且也可以看出，当时折柳送别是如此之流行，以至柳自己都感慨地说人间别离多了。唐代著名诗人王维的《送元二使安西》更是尽人皆知了，后代竟谱成《渭城曲》而在民间广泛传唱。

当然，作为春天植物最明显的季相之一的"柳条吐翠"，自然是人们最常见的吟咏对象。其中吟咏柳的优美姿态和无限春光的代表性作品，当属唐代诗人贺知章的《咏

古画中的柳树

柳》了，诗写道：

碧玉妆成一树高，万条垂下绿丝绦。
不知细叶谁裁出，二月春风似剪刀。

诗人高超的描写技巧和丰富想象力，给后人留下了深刻的印象。

唐代白居易还将柳作为其新乐府的题名，作杂曲歌辞《杨柳枝》，引起一时风气，后人多相附和。诗写道：

古歌旧曲君休听，听取新翻杨柳枝。
陶令门前四五树，亚夫营里百千条。
何似东都正二月，黄金枝映洛阳桥。
依依袅袅复青青，勾引清风无限情。
白雪花繁空扑地，绿丝条弱不胜莺。

唐代刘禹锡也作《杨柳枝》，"请君莫奏前朝曲，听唱新翻杨柳枝"。后来，"杨柳枝"一词竟同诗体"竹枝词"一样，成了我国古典诗歌的一个题材和形式。

阅读链接

根据《聊斋》的记载，古时候的沂水蝗虫为虐，沂水县令非常着急，却毫无办法。一天晚上，县令梦到一个穿青衣的男子对他说："你明天去路上等，有个穿红衣骑驴的女人就是蝗神，快去求她。"

第二天，县令果真看见这样一个女人，就苦苦哀求。蝗神很烦，就生气地骂了一句："柳树精真是多管闲事，要他好看！"结果，从那天起，当地的蝗虫只吃柳树，不吃庄稼。

柳树在古代的应用

柳树因其易于栽培和生长迅速的习性，以及树干粗大而具婀娜优美的树形，加之含有一些药用成分，使其在我国古代的农业、园林、建筑、医药等方面得到广泛的应用。

绘画中的柳树

草木美誉与文化象征

■ 古画中的柳树

《古微书》又名《删微》，纬书集汇，36卷。明清间孙瑴编。成书年代不详。《微书》总称分为4部，一曰《焚微》，辑秦以前逸书；一曰《线微》，辑汉晋间笺疏；一曰《阙微》，征皇古七十二代之文；一曰《删微》，即后世所说的《古微书》。

古人不仅取燃柴于柳树，还有人专门靠种植柳树生活。古人还用柳美化环境，做建筑材料和治疗相关疾病的药物。

在《诗经》里，有"折柳樊圃"的记载。樊圃，就是给菜圃围篱笆。也就是说，在《诗经》流行的时代，人们已经在利用柳树做篱笆了。这可能跟柳枝繁多且细长有关。

这个用途在南北朝时期有了进一步的发展，据北魏农学家贾思勰的综合性农书《齐民要术》中记载：

其种柳作之者，一尺一树，初即斜插，插时即编。其种榆荚者，一同酸枣。如其栽榆，与柳斜植，高共人等，然后编之。数年成长，共相蹙迫，交柯错叶，特似房笼。

这段文字中可以看出，通过杂植酸枣等其他树木，可更好地发挥柳树作为篱笆的防护功能。

柳的另外一个早期的用途是被种植在坟地里，用以遮荫，同时标识坟茔的等级。这一点在经典古文选集《古微书》中有记载：

天子坟高三仞，树以松；诸侯半之，树以柏；大夫八尺，树以栗；士四尺，树以槐；庶人无坟，树以杨柳。

古人在坟茔栽杨柳，这大概也与柳的易于栽植有关。古人把庶人也看成同杨柳一样，无论如何处置皆可生存，而贵族阶级往往栽植名贵树种。

到了后来，虽然人们早已没有了等级概念，但在已故之人的坟上栽种柳树，或在修整坟地时插植柳树的习俗，还是被保留了下来。

依依送别

垂柳

古代山水画中的柳树

古画中的柳树

草木有情

草木美誉与文化象征

左宗棠（1812年—1885年），晚清著名的政治家、军事家、民族英雄，更字季高，一字朴存，号湘上农人。左宗棠少年时屡试不第，后转而留年就读于长沙岳麓书院。后来竟因此成为清朝后期著名大臣，官至东阁大学士、军机大臣，封二等恪靖侯。

柳在古代也常被用作美化环境的行道树，历久不衰。关于这一点，自魏晋以来，史不绝书。古代史书《晋书》有记载说：

关、陇清晏，百姓丰乐，自长安至于诸州，皆夹路树槐柳。

在隋代，炀帝广开运河，柳树被普遍种植于新开凿的运河两岸。《炀帝开河记》中描述了当时栽柳的盛况，"诏民间有柳一株，赏一缣。百姓竞献之"。

隋唐五代时期，柳树仍是广泛栽培的树种之一。城市种植柳树已经非常普遍，而且规模也很可观。宋代也有栽植柳树作为行道树，为行人提供遮荫的记载。《宋史》里说：

先是州少种树，暑无所休，仲甫课民栽柳荫行路，郡人德之，名为补阙柳。

宋代种植柳树，还将它用以营造森林、防洪护堤。在那里种植的植柳，既可点缀风景，也可防洪护堤。此外，柳还用在圩田上。

到了清代，柳树在边塞也被广泛种植。清代杨实的《柳边记略》就记载有这方面的内容。

无独有偶，古人在西北也种植了红柳。比如，左宗棠就在平定西北的同时，也注重发展农业，还让军士种植柳树，人称"左公柳"。杨昌浚曾有诗赞颂他说：

> 大将筹边尚未还，湖湘子弟满天山。
> 新栽杨柳三千里，引得春风度玉关。

柳在古代园林中的应用非常广泛，可以说是我国古代园林中最常见的树木之一。古代不管是帝王御苑，还是私家园林，常收集珍草奇木作为装饰，而柳树却因它容易成活的习性和优美的树形受到青睐。尤其是垂柳，无论是南方还是北方的园林，都很容易发现它的身影。

不仅如此，在一些古籍中，有很多以柳命名的古代园林，如南宋杭州城中就有一个御花园叫"五柳御园"，其他还有"古柳林""柳洲"等以柳命名

《桃柳八哥图轴》

■ 绘画中的柳树

草木有情

草木美誉与文化象征

颐和园 我国规模最大、保存最完整的皇家园林，中国四大名园之一。位于北京市海淀区，距北京城区15千米，占地约290公顷。利用昆明湖、万寿山为基址，以杭州西湖风景为蓝本，汲取江南园林的某些设计手法和意境而建成的一座大型天然山水园，也是保存最完整的一座皇家行宫御苑。

的园林。

到了清代，在园林建造上，植柳甚至有了一定的规范，这在颐和园的造景绿化中表现得尤为明显。造园者在内外湖之间的西堤上，模仿杭州西湖的苏堤，栽培了大量的柳树，在绕湖的堤上也栽培有许多的柳树，而在万寿山上则有大量的松柏。

用在园林造景上的柳以垂柳居多，《花镜》中说到了用垂柳的原因：

虽无香艳，而微风摇荡，每为黄莺交语之响，吟蝉托息之所，人皆取以悦耳娱目，乃园林必须之木也。

在农业上，历代政府多鼓励人民种植桑、枣，到宋、元时期，朝廷也开始鼓励人民种植榆、柳了。

这不仅是因为柳树的观赏价值高，也是柳树在古代农业中占有很高的地位。

古籍《陶朱公术》中写道：

种柳千树则足柴。十年之后，髡一树，得一载，岁髡二百树，五年一周。

这说的是取柴。可见，靠种植柳树的农业经济在当时已经积累了丰富的经验，并且成为可以维持终岁无穷的生计之法。由于一些低湿地不适合种植粮食作物，而柳树又极易在低湿地栽植、成长。因此，种植柳树也是尽地力的一种好办法，在农业上得到了广泛的应用。

柳树在农业上的应用还有一个方面，那就是它能和其他农作物混杂种植，这一点不管是在古书中还是在后来的农业生产中都可以找到例证的。

禾生于枣或杨，大麦生于杏，小麦生于桃，稻生于柳或杨，在江南的水田埂上也随处可见柳树。不管能否用生物学原理来解释这种现

■ 古画中的柳树

象，多少年来人们就是这样做的。

在古代，"顺天时"是农业中重要的一环，而物候观察是古人掌握农时的一个主要方面。柳树因为分布广，自然就成为人们观测物候的对象。我国最早的物候学著作《夏小正》中就有关于柳的物候记载。

柳在正月开始发芽、长出花序。因此，柳树发芽在物候上也成了春天到来的标志。在诗词、农谚中，柳的这一物候特征被广泛应用，如农谚中就有"七九八九，杨花看柳"之说。

又如杜审言的《早春游望》诗：

独有宦游人，偏惊物候新。
云霞出海曙，梅柳渡江春。

这些都说明了柳树的生长、复苏是早春的一个极有代表性的物候特征。

草木有情

草木美誉与文化象征

阅读链接

古人们通常在驻扎时间较长的军营里开始种植柳树，这也许因为栽植别的树木不易成活和迅速成林。古代史书《晋书》里写道："侃性纤密好问，尝课诸营种柳。"

可能正是因为柳树分布普遍的缘故，柳在古代常与军事行动有着密切的联系。据《战国策》里记载："楚有养由基者，善射；去柳叶者百步而射之，百发百中。"后来形容射击准确的"百步穿杨"一词，就脱胎于这个典故，这件事很可能就发生在军营里。

梧桐树又叫青桐，高大魁梧，树干无节，向上直升，气势昂扬，高擎着翡翠般的碧绿巨伞。树皮平滑翠绿，树叶浓密，从干到枝，一片葱郁，显得清雅洁净。梧桐既是一种优美的观赏植物，更具有自强不息、超越自我的文化内涵。

梧桐于己，凤凰"非梧桐不栖"，养成了它超越自我的高洁品行；于他人如凤凰那样"拔毛御风雪，抠眼变神灯"，体现为一种自我牺牲精神；于社会则如凤凰生前能"光融天下"，死后化为火鸟一样，燃烧自己，光耀人间。

梧桐

树木中的佼佼者梧桐

古代绘画中梧桐树下的仕女

梧桐高大挺拔，为树木中之佼佼者，自古就为人们所看重。

古人常把梧桐和凤凰联系在一起，有古话说："栽下梧桐树，自有凤凰来。"因此古代的殷实之家，常有人在院子里栽种梧桐，不但因为梧桐有气势，而且梧桐是祥瑞的象征。

相传伏羲创制的第一把古琴就是用的梧桐木。因为他发现，凤凰"非竹实不食，非醴泉不饮，非梧桐不栖"。凤凰是鸟中之王，而凤凰最乐于栖在梧桐之上，可见梧桐是多么地高贵了。

在著名的《诗经》里，也有关于梧桐的记载。其中《大雅》里有一首诗写道：

凤凰鸣矣，于彼高冈。
梧桐生矣，于彼朝阳。
奉奉萋萋，雍雍喈喈。

这诗说的是梧桐生长得茂盛，引得凤凰啼鸣。奉奉萋萋，是梧桐的丰茂；雍雍喈喈，是凤鸣之声。

在《庄子·秋水》里，也说到过梧桐。庄子见惠子时说：

南方有鸟，其名为宛雏，子知之乎？夫宛雏，发于南海而飞于北海，非梧桐不止。

从中看到，庄子也把梧桐和凤凰联系在一起，这里的"宛雏"就是凤凰的一种。他说凤凰从南海飞到北海，一路上从不轻易休息落下，只落在梧桐树上。

高洁品格

梧桐

草木有情

草木美誉与文化象征

■ 古画中的梧桐树

古琴也称瑶琴、玉琴、七弦琴，我国最古老弹拨乐器之一。是在孔子时期就已盛行的乐器，有文字可考的历史有四千余年。古琴造型优美，常见的为伏羲式、仲尼式、连珠式、落霞式、灵机式、蕉叶式、神农式等。古代名琴有绿绮、焦尾、春雷、冰清、大圣遗音、九霄环佩等。

用梧桐制作出的古琴也被古人格外看重，还设立了六忌七不弹的标准。这六忌为：

一忌大寒，二忌大暑，三忌大风，四忌大雨，五忌迅雷，六忌大雪。七不弹是指闻丧者不弹，奏乐不弹，事冗不弹，不净身不弹，衣冠不整不弹，不焚香不弹，不遇知音者不弹。

从梧桐古琴的"六忌七不弹"来看，无论是焚香、净身还是整衣冠，无非是使人通过做这些事保持一个谦恭的心态和纯净的思想，不为世俗外物所干扰，而人进入这样的思虑空明状态，才可以和古琴背后更高境界的生命融而为一。

古人信奉伏羲用梧桐木制琴也不是没有道理的。我国北宋林学家陈翥在《桐谱》中分析说：

桐之材，采伐不时而不
蛀虫，渍湿所加而不腐败，
风吹日晒而不折裂，雨溅
污泥而不枯藓，干濡相兼而
其质不变，楠虽寿而其永不
敌，与夫上所贵者旧矣。

梧桐具有如此多的优点，能
制作出好古琴也就不足为奇了。
就连我国的四大名琴之中，也有
一把与梧桐有着极深的渊源。根
据我国纪传体史书《后汉书》的
记载：

蔡邕泰山行，见焚桐，
闻爆声曰："此良木也。"
取而为琴，是为"焦尾"。

蔡邕在吴地遇到有人以桐木
烧火煮饭，深通韵律的蔡邕听到
桐木燃烧爆裂之声非同凡响，断
定是良木，于是将这段桐木抢救
出来，制成琴，其音果然妙不可
言，因其尾部已被烧焦，所以称
"焦尾"。

古人还将梧桐视为灵树，认

古代绘画中的梧桐树

古画秋色梧桐图轴

为它是能通晓天意的神树，有预言世间变迁的能力。宋代《瑞应图》里说："王者任用贤良，则梧桐生于东厢。"相反，如果"梧桐不生，则九州异主"。我国园艺学专著《花镜》说：

> 此木能知岁时，清明后桐始
> 毕桐不华，岁必大寒。立秋地，至
> 期一叶先坠，故有"梧桐一叶落，
> 天下尽知秋"之句。

古人深受"天人合一，物我相通"的儒家传统观念的影响，由物及人，见梧叶飘零，自然而然地就联想到季节的变化乃至生命的终结。这样一来，以梧桐或死或叶落来象征零落这一文化内蕴也就不足为怪了。

阅读链接

制琴的梧桐材料自古有这几种：泡桐，材色浅白，三五年即可成材，木质疏松，指甲轻轻一掐就能陷下去，但有经验的斫琴师会选择树龄较长的桐木和密度合适的树段，作为制琴的良材。

白桐也是多部古代文献记载的制琴良材。椅桐，传统制琴良材。青桐，材色浅，木质细密坚实韧性较好，树龄较长、自然风化时间百年以上者为较好制琴材料，百年以内的新青桐不宜制琴，音色透出不来。

象征忠贞爱情的梧桐

东汉末建安年间，有一个叫焦仲卿的人，从小就受过良好的儒家文化教育，知书达礼，成年后又在仕途上进取，在庐江太守衙门里做事，成为一名封建士子。

古画中的梧桐树

■ 古画梧桐喜鹊图

箜篌 最初称"坎侯"或"空侯"，是我国十分古老的弹弦乐器，在古代有卧箜篌、竖箜篌、凤首箜篌三种形制。箜篌的历史悠久、源远流长，音域宽广，音色柔美清澈，表现力强。古代除宫廷雅乐使用外，在民间也广泛流传。

焦仲卿娶了刘兰芝为妻，刘兰芝却常常被婆婆刁难，因此向焦仲卿诉苦："我13到16岁能织精美的白绢，学会了裁剪衣裳，会弹箜篌，能诵读诗书。17岁时我做了您的妻子，心中却常常感到痛苦的悲伤。您既然做了太守府的小官吏，遵守官府的规则，专心不移。我一个人留在空房里，我们见面的日子实在少得很。鸡鸣啼了，我就上机织绸子，天天晚上都不得休息。3天就织成5匹绸子，但婆婆仍然嫌我织得慢。并不是因为我织得慢，而是婆婆的要求太高啊！我既然担当不了婆婆的使唤，白白留着也没有什么用。您还是尽快去禀告婆婆，趁早把我遣送回娘家吧。"

焦仲卿听了这般诉说后，到堂上去禀告母亲："我已经没有做高官、享厚禄的貌相，幸亏还能娶到这个贤惠能干的妻子，结婚后相亲相爱地生活，并约定死后在地下也要相依为伴侣。我们相处在一起不到两三年，生活刚刚开始，还不算很久，这个女子的行为并没有什么不正当，您为何对她如此不满呢？"

焦仲卿的母亲对仲卿说："你怎么这样没见识！这个女子不讲礼节，一举一动全凭自己的意思。我早就憋了一肚子气，你怎么可以自作主张！咱家邻居有个贤惠的女子，名字叫罗敷，姿态可爱无比，我会替你去提亲。你就赶快休掉刘兰芝，打发她走，千万别再留着啦！"

焦仲卿直身而跪禀告母亲说："儿子恭恭敬敬地告诉母亲您一句话，如果要我对刘兰芝休妻，我一辈子就不再娶妻子了！"

焦母听了儿子的话，用拳头敲着椅子大发脾气骂道："你这小子真是胆大包天了，怎么敢帮你媳妇说话！我对她已经没有什么恩情了，当然不能答应你的要求。"

焦仲卿默默不敢作声，对母亲拜了两拜，回到自己房里，张嘴想对妻子说话，却哭得连话也说不成句："本来我不愿赶你走，但有母亲逼迫着。你只好暂时回娘家去。我暂且回太守府里办事，不久我一定回来，必定去迎接你回我家来。为此，你就受点委屈吧，千万不要违背我说的话。"

刘兰芝对焦仲卿说："您不要再说了！"刘兰芝见丈夫这样为难，心里不好受，不免回忆起往事。

那一年冬末，刘兰芝辞别娘家嫁到焦府，侍奉

■ 古画梧桐仕女图扇面

■ 古代瓷器上的梧桐树

草木美誉与文化象征

刺绣 我国民间传统手工艺之一，在我国至少已经有两三千年的历史。我国刺绣主要有苏绣、湘绣、蜀绣和粤绣4大门类。刺绣的技法有错针绣、乱针绣、网绣、满地绣、锁丝、纳丝、纳锦、平金、影金、盘金、铺绒、刮绒、戳纱、洒线等，刺绣的用途主要包括生活和艺术装饰。

婆婆时总是顺从她的意旨，一举一动都不敢自作主张。刘兰芝白天黑夜勤恳地操劳，总以为没有过错，能够终身侍奉婆婆。但如今到底还是被赶走了，哪里还说得上再回到焦府呢！

想到这里，刘兰芝说："我有一件绣花的齐腰短袄，上面美丽的刺绣发出光彩，红色罗纱做的双层斗帐，四角挂着香袋，盛衣物的箱子六七十个，箱子上都用碧绿色的丝绳捆扎着。样样东西各自不相同，种种器皿都在那箱匣里面。我人低贱，东西也不值钱，不配拿去迎接您日后再娶的妻子，留着作为我赠送给您的纪念品吧，从此没有再见面的机会了。您把这些东西当作安慰吧，希望您永远不要忘记我。"

鸡鸣啼了，外面天将亮了，刘兰芝起床打扮得整整齐齐。她穿上绣花夹裙，每穿戴一件衣饰，都要更换好几遍，脚下穿着丝鞋，头上戴着闪闪发光的玳瑁首饰。腰上束着白绢子，光彩像水波一样流动，耳朵戴着用明月珠做的耳坠，纤细白嫩的手指像削尖的葱根，嘴唇红润如含着红色朱砂，轻盈地踏着细步，精巧美丽，世上再难有第二个这样的美人了。

刘兰芝走上厅堂拜见婆婆，婆婆的怒气仍未平息。她说：“从前我做女儿时，出世后从小生长在乡间，本来就没受过什么好的教养，同你家少爷结婚，更感到惭愧。接受婆婆送的钱财礼品很多，却不能承担婆婆的使唤。我马上就回娘家去了，只是记挂婆婆在家里辛苦操劳。”

刘兰芝回头再与小姑告别，眼泪像连串的珠子掉下来，她对小姑说：“我初来你家时，小姑你刚能扶着椅子学走路，如今我被赶走，小姑你长得和我一样高了。希望你努力尽心奉养母亲，好好服侍她老人家，初七和十九，在玩耍的时候不要忘记我。”

刘兰芝说完，出门登上车子离去了，眼泪不停地簌簌落下。焦仲卿的马走在前面，刘兰芝的车行在后面，车子发出隐隐的响声，两人会合在大路口。焦仲卿下马坐入刘兰芝的车中，两人低头互相凑近耳朵低声说话。

焦仲卿说：“我发誓不与你断绝关系，你暂且回娘家去，我暂且去庐江太守府办公务，不久一定会回来，我对天发誓，绝不会对不起你。”

刘兰芝对焦仲卿说：“感谢您忠诚相爱的心愿！您既然这样记着我，

朱砂　古时称"丹"。朱砂的粉末呈红色，可以经久不褪。我国利用朱砂作为颜料已有很悠久的历史。古人还将朱砂磨成红色粉末，涂嵌在甲骨文的刻痕中以示醒目，这种做法距今已有几千年的历史了。后世的皇帝们也用朱砂的红色粉末调成红墨水书写批文。

■ 古画中的梧桐树

073

高洁品格

梧桐

盼望您不久就能来接我，您要像磐石一样坚定不移，而我就柔软结实得像丝一样的蒲草和苇子。可是我有一个亲哥哥，他的性情行为暴躁如雷，恐怕不会听任我的意愿，会违反我的心意，使我烦忧。"

接着，两人举手告别，惆怅不止，恋恋不舍。

刘兰芝走进了家门，来到内堂，因为耻辱感而尴尬不安。刘兰芝的母亲看见女儿被休，大为惊讶，拍着手掌说："真没想到你会这样！你13岁就会纺织，14岁就能裁剪衣裳，15岁会弹箜篌，16岁懂得礼节，17岁我送你出嫁，总以为你不会有什么过失。你究竟有什么过错，被人休回家了呢？"

刘兰芝惭愧地对母亲说："这件事女儿实在是没有什么过错。"母亲听后非常悲伤。

刘兰芝回到娘家才十

多天后，县令就派了媒人上门来说亲。媒人说县令家有个三公子，人长得漂亮文雅，世上无双，年龄只有十八九岁，口才很好，又非常能干。

刘兰芝的母亲认为女儿应该答应，但刘兰芝含着眼泪回答说："我才回来时，焦仲卿再三嘱咐我，立下誓言，永不分离。如果要我违背情义，恐怕这件事不合适。您还是回绝来说媒的人，还是以后慢慢再谈这件事吧。"

于是，刘兰芝的母亲告诉媒人说："我们这种贫贱人家的女儿，才刚出嫁不久就被休回娘家了。她连府吏的妻子都做不了，怎么能配得上县太爷的公子呢？你还是去找别家的女儿吧，我女儿是不行的。"县令的媒人只好走了。

几天后，太守派郡丞来求婚了，说太守家的第五个儿子，娇美俊逸，还没有结婚。郡丞直接对刘母说："我们太守家，有这样一个好公子，想和你家结为婚姻，所以派我到你府上来说媒。"

县令 我国古代官职之一。战国时，魏、赵、韩和秦称县的行政长官为令。秦朝的商鞅变法时，将乡合并为县，设置县令及职责。县令本直隶于国君，战国末年时，县令成为郡守的下属。秦、汉法令规定，人口万户以上的县，县官称县令。明、清以知县为正式官名。

■ 古画中的梧桐树

梧桐古画扇面

草木美誉与文化象征

干支 天干地支。在我国古代的历法中，甲、乙、丙、丁、戊、己、庚、辛、壬、癸被称为"十天干"，子、丑、寅、卯、辰、巳、午、未、申、酉、戌、亥叫作"十二地支"。十干和十二支依次相配，组成六十个基本单位，两者按固定的顺序互相配合，组成了干支纪法。

刘母谢绝媒人说："女儿先前有过誓言，老妇我怎么敢对她说再嫁这件事呢？"

刘兰芝哥哥听到太守求婚被拒这件事，心中烦躁不安，开口对妹妹说："你怎么能这样欠考虑地做事呢？你前次出嫁的人不过是一个小官吏，但这次出嫁会得到一个贵公子，相差得像天上地下一样，这种好运气足够使你终身荣耀富贵啦！不嫁给这样仁义的公子，往后你打算怎么办？"

刘兰芝抬头回答道："道理确实像哥哥说的一样，我辞别娘家去侍奉丈夫，半中间回到哥哥家里。怎样处理，完全照哥哥的主意吧，哪敢自己随便作主呢？虽然我与府吏立下誓约，但与他永远没有机会见面了。答应这门亲事吧，我们马上成婚。"

太守的媒人从座位上起来连声说："是是，就这样办，就这样办。"他回到郡府报告太守说，"我接受您交给的使命，到刘家去做媒，说媒很成功，女方已经答应了。"

太守听了这些话，心里非常欢喜，马上察看婚嫁历，又翻看婚嫁书，告诉郡丞："婚期定在这个月内就很吉利，年、月、日的干支都相适合，好日子就在三十号这一天，今天已经是二十七了，你赶快去刘家订好结婚日期。"

太守的府内大家都互相传话说办婚礼，赶办婚礼的人来来往往连接不断，装婚礼物品的船绘有青雀和白天鹅的图案，四角挂着绣有龙的旗幡，轻轻地随风飘荡。

金色的车子用的是白玉镶的车轮，缓步前行的青骢马，套有四周垂着彩缨、下面刻着金饰的马鞍。赠送的聘金有300万，都用青色的丝线穿着，各色绸缎有300匹，从交州广州采购来的山珍海味。跟从的人有四五百，热热闹闹来到庐江郡府门。

刘兰芝的母亲问女儿说："刚才接到了太守的信，明天就来迎接你过门，为什么还不做衣裳？不要让婚事办不起来！"兰芝默不作声，用手巾捂着嘴哭泣，眼泪淌下就像水一样倾泻。

刘兰芝把平时坐着的琉璃榻搬出来，放在前面窗子下。左手拿着剪刀和尺子，右手拿着绫罗绸缎开始动手做衣裳。早晨就做成了绣花的夹裙，晚

绸缎 指丝织物。古时多是有钱人家作为衣物，其颜色光滑亮丽，五彩缤纷。据考古学的发现推测，在距今五六千年前的新石器中期，我国便开始了养蚕、取丝、织绸了。到了商代，丝绸生产已经初具规模，具有较高的工艺水平，有了复杂的织机和织造手艺。

■ 古画中的梧桐树

古画中的梧桐树

草木有情

草木美誉与文化象征

上又做成了单罗衫。天色阴沉沉的，快要黑了，她满心忧伤，走出门去痛哭。

焦仲卿听说刘兰芝要嫁人，于是请假暂时回来，在离兰芝家还有两三里的地方时，由于人伤心，他骑的马也在哀鸣。刘兰芝熟悉府吏的马叫声，轻步快跑去迎接他，悲伤失意地望着，知道是相爱的人来了。

刘兰芝举起手抚摩着马鞍，唉声长叹着说："自从您离开我以后，世事的变化真料想不到啊！我的情况您并不了解，我的母亲和亲哥哥都硬把我许配给别人了，您这次又何必回来呢！"

焦仲卿伤心地对刘兰芝说："祝贺你得到高升！我这块磐石方正又坚实，可以一直存放上千年，而蒲苇一时柔韧，就只能保持在早晚之间罢了。你将会一天天地富贵起来，让我一个人独自走到地府去吧！"

刘兰芝对焦仲卿说："真没想到您会说出这种话来！同是被逼迫，您既然这样，那我也这样，我们就在地府下互相见面吧，但愿您不要违背誓言。"

两人互相紧紧地握着手，然后告别离去，各人回到自己的家里。活着的人却作临死的诀别，心里的愤恨哪里说得尽呢？他们想到将要永远离开人世间，无论如何不能再保全生命了。

焦仲卿回到家，走上厅堂拜见母亲说："今天风大又非常寒冷，寒风摧折了树木，院子里的白兰花上结满了浓霜。儿子就像快要落山的太阳一样，使得母亲在今后会很孤单。如果我出了什么事，也是自愿的，您就不要再去怨恨什么鬼神了。愿您的寿命像南山的石头一样长久，愿您的身体永远健康又舒顺！"

焦母听到儿子这些话，泪水随着说话声一起流下，她说："你是世家的子弟，又在大官府里任官职，千万不要为了一个妇人去寻死啊！你和她贵贱不同，休掉了她哪里就算薄情呢？东邻有个贤惠的女子，她的美丽在城内外是出名的，我替你去求婚，马上会有答复。"

焦仲卿向母亲拜了两拜就回房，在自己的空房里长声叹息，自杀的打算就这样决定了。他把头转向兰芝住过的内房，睹物生情，越来越被悲痛煎熬着。

刘兰芝结婚的这一天，她走进了行婚礼的青布篷

■ 古画中孔雀落在梧桐树上

帐，此时已经是暗沉沉的黄昏后，静悄悄地，人们开始安歇了。她自言自语说："我的生命就要结束了，魂灵要离开了，让这躯体长久地留在人间吧！"于是，她挽起裙子，脱去丝鞋，纵身跳进清水池里。

焦仲卿听到刘兰芝投水这件事后，心里知道从此与刘兰芝永远离别了。他在庭院里的树下徘徊了一阵，自己就在向着东南的树枝上殉情了。

焦刘两家要求合葬，于是把两个人合葬在华山旁边。在坟墓的左右两侧种上梧桐，这些树条条树枝互相覆盖着，片片叶子互相连接着。树中有一对飞鸟，它们的名字叫作鸳鸯，仰头相互对着叫，天天夜里直叫到五更。

从此以后，焦仲卿、刘兰芝坚贞不渝的爱情故事广为传扬，在民间家喻户晓。而他们合葬墓前的梧桐，枝干挺拔，根深叶茂，枝枝相覆盖，叶叶相交通，成了忠贞爱情的象征。千百年来，赢得了文人墨客的赞叹。

草木美誉与文化象征

阅读链接

古代传说梧是雄树，桐是雌树，梧桐同长同老，同生同死，且梧桐枝干挺拔，根深叶茂。在诗人的笔下，它又成了忠贞爱情的象征。唐代孟郊就写过"梧桐相待老，鸳鸯会双死"。

在《孔雀东南飞》里，也用"东西植松柏，左右种梧桐。枝枝相覆盖，叶叶相交通"描述松柏梧桐的枝叶覆盖相交，象征了刘兰芝和焦仲卿对爱情的忠贞不渝。这对夫妻对纯真爱情的追求，对礼教的抗争，生前被迫分离，死后合葬九泉，以梧桐来寓意，令人感叹。

李煜满腔伤感寄梧桐

梧桐树下，谁思念着谁，望穿了眼，只见风吹落叶，雨滴梧桐，夹杂着梧桐凝结的来自生命的芬芳。于是，梧桐常常成为文人笔下凄凉伤感的意象。南唐李后主李煜就是其中之一。

李煜本来不是太子，他也不愿当太子，还给自己取了好几个名号，诸如"钟隐""钟峰隐者"或"莲峰居士"等，表达自己乐在山水的志向。

这并非是李煜为求自保而故意做出的姿态，而是他的真心话。出身于皇族的李煜从来就对朝政不感

古画中的梧桐

■ 古画《听阮图》
中的梧桐树

词 是诗的一种别
体，唐代兴起的
一种新的文学样
式。宋代是词的全
盛时期。词最初
被称为曲词或者曲
子词，别称有长
短句、曲子、曲
词、乐章、诗余
等，是配合宴乐
乐曲而填写的歌
诗，词牌是词的
调子的名称，不
同的词牌在总句
数、句数、每句的
字数、平仄上都有
规定。

兴趣，更无意参与宫廷内争权夺利的纠纷。比起一个身肩重任的皇族后裔，他更像个随性的隐士狂人。

李煜才华横溢，被后人称为"千古词帝"，他工书善画，能诗擅词，通音晓律，对其书法，北宋著名学者陶谷在我国古代重要笔记《清异录》中曾评价说：

后主善书，作颤笔樛曲之状，遒劲如寒松霜竹，谓之"金错刀"。作大字不事笔，卷帛书之，皆能如意，世谓"撮襟书"。

就是这样一个不折不扣的浪漫诗人，偏偏摊上了当皇帝的命。相比于政务，他更感兴趣的是诗词歌赋。就连他的皇后大周后，也是诗画双绝，能歌善舞，使六宫粉黛望尘莫及。李煜和大周后的感情很好，不仅是因为大周后的美貌，还有一点是大周后同样也是极有音乐天赋的人。

在盛唐时就有一部著名的大曲，名叫《霓裳羽衣曲》，自从唐世乱离之后世间就再没有人能够恢复它的悠扬之音了。李煜费尽力气终于弄到了这部大曲的乐谱。但是由于这部大曲在流传过程中出现了许多变异，乐谱本身又不够完整，专业的乐工也没法弄出个头绪来。

大周后知道后加以钻研，她根据自己的理解，重新创作，进行一系列增删调整。通过努力，大周后最后竟然能用琵琶弹出全曲，使得这支几乎失传的曲子得以重现，开元、天宝之音得以重回人间，她也赢得一片称羡之声。由此可见其才气之一斑。

可惜的是，结婚十年后的一天，大周后突然病倒了，久治不愈而溘然长逝。不久之后，李煜又被宋兵俘虏，囚禁在玄武湖中的樱洲。

此时的李煜，可以说是心灰意冷，穷途末路。他时常回忆起昔日美好的生活，回忆起和妻子大周后曾经恩爱

083

高洁品格

梧桐

■ 古画中的梧桐树

无比的日子。在无尽的愁绪之中，李煜提笔写下了一首词，也就是后世盛传的《相见欢》：

> 无言独上西楼，月如钩。寂寞梧桐深院锁清秋。
> 剪不断，理还乱，是离愁。别是一番滋味在心头。

在这首词中，梧桐成为了李煜寄情的对象。诗人默默无言，孤孤单单，独自一人缓缓登上空空的西楼。抬头望天，只有一弯如钩的冷月相伴。低头望去，只见梧桐树寂寞地孤立院中，幽深的庭院被笼罩在清冷凄凉的秋色之中。那剪也剪不断，理也理不清，让人心乱如麻的，正是亡国之苦。但那悠悠愁思缠绕在心头，却又是另一种无可名状的痛苦。

这位亡国之君幽居在一座寂寞深院里，无限落魄。重门深锁，顾影徘徊，只有清冷的月光从梧桐枝叶的缝隙中洒下来，好不凄凉！过去是居万民之上的君主，而今已成阶下囚，万千愁绪，满腔幽愤，尽在其中。萧瑟的秋风，清冷的庭院，高大的梧桐，共同为李煜谱写了一首世间难得的凄苦愁曲。

阅读链接

在我国关于梧桐的说法有很多，据传说梧桐入梦，也有着特殊的含义。

如果梦见高高大大的梧桐，寓意着做梦的人品行高洁、文采出众，或者预示做梦者会遇到一位知心挚友。但如果梦中这棵梧桐树树叶凋零、横向生长或者树心空荡的话，就是不吉祥，多预示着灾难降临。另外，梧桐花有攀高枝的寓意，所以梦见梧桐开花多预示做梦者会努力争上游，为升官发财之兆。

荷花又名莲花、水芙蓉等，是我国的传统名花。花叶清秀，花香四溢，沁人心脾，有迎骄阳而不惧，出淤泥而不染的气质。所以，荷花在人们心目中是真善美的化身，是吉祥的预兆，是佛教中神圣净洁的名物，也是友谊的种子。

荷花栽培历史悠久，文化底蕴丰富。由于"荷"与"和""合"谐音，"莲"与"联""连"谐音，中华传统文化中，经常以荷花作为和平、和谐、合作、合力、团结等的象征；以荷花的高洁象征和平事业、和谐世界的高洁。

洁净无染

荷花

己未春日写似

伴翁老先生

谢孙

荷花的由来和传说

传说，广寒宫内的嫦娥仙子有一颗闪闪发光的大明珠，她十分喜爱，常常捧在掌中把玩，平时则命五彩金鸡日夜守护，唯恐丢失。

金鸡也一直想好好把玩那颗明珠。有一天，它偷偷将明珠含在口中，将明珠抛上抛下，躲到月宫的后面玩赏起来。但一不小心，明珠从月宫滚落下来，直飞人间。金鸡大惊失色，为了逃避责罚，也随之向人间追去。

嫦娥得知此消息后，急忙命令玉兔去追赶金鸡。于是，玉兔穿过九天云彩，直追至浙江

明代周之冕画作

诸暨浦阳江边上空。当时，浦阳江边山下一个施姓的农家之妻正在浦阳江边浣纱，明珠就飞入了她面前的湖中。

这位农妇见到水中有颗光彩耀眼的明珠，忙伸手去捞，明珠却像长了翅膀似的径直飞入她的口中，并钻进了她的腹内，农妇从此有了身孕。玉兔和金鸡知道明珠无法夺回了，就失望地离开了。

■ 荷花古画

一晃16个月过去了，女子只觉得腹痛难忍，但就是不能分娩，急得她的丈夫跪地祷告上苍。忽然，屋内珠光万道，光芒耀眼，只听"哇"的一声，施妻生下一个美丽的女孩，夫妻二人给女儿取名为西施。

随着时间的流逝，西施渐渐地长大了，成了一个五官端正、粉面桃花、相貌过人的女孩。她在河边浣纱时，清澈的河水映照她俊俏的身影，使她显得更加美丽，鱼儿看见她的倒影，忘记了游水，渐渐地沉到河底。从此，西施这个"沉鱼"的代称，在附近流传开来。

后来，西施所在的越国被吴国打败。越国的君主勾践为了迷惑吴国的君主夫差，西施被万里挑一地选中了。3年后，她被训练成一名非常出色的美女，勾

广寒宫 又名蟾宫，是我国神话传说中嫦娥居住的天上宫殿，是一只具有灵性的蟾蜍幻化而成。广寒宫宫殿群包括广寒宫、天籁馆、百花馆、望乡亭、凌云亭、会仙亭、青龙台、朱雀台、白虎台、玄武台、太和殿、文华殿、长生殿、观音殿和清暑殿。

太宰 我国古代官职，在不同的朝代职责和地位不同。西周时开始设置太宰，也叫大冢宰，或大宰，即冢宰的首领。太宰的职责是"掌管国家的六种典籍，用来辅佐国王治理国家"。其中，六种典籍是治典、教典、礼典、政典、刑典、事典，可见当时的太宰是百官之首，相当于后来的宰相或丞相。

■ 清代画家刘誉画作《荷花图》局部

践就把西施献给了吴王夫差，让西施以美色引诱夫差不理政事。

西施入吴后，夫差被她迷得神魂颠倒，春秋宿姑苏台，冬夏宿馆娃宫，整天与西施玩花赏月，鸣琴赋诗。灵岩山上有一眼清泉，夫差常让西施对泉水梳妆，他亲为美人梳理秀发。

夫差又经常与西施泛舟采莲，或乘画船出游，或骑马打猎，总之沉醉于美色，以姑苏台、馆娃宫为家，把国家大事丢在脑后。大臣伍子胥求见时，往往被拒之门外，唯太宰伯嚭常侍左右。

西施既然与夫差形影不离，对于吴国的政治斗争、军事机密，也就无所不知，且伺机向越国传递她所得到的情报，还成功地间离了吴国的君臣关系。

勾践终于做好了作战准备，指挥大军长驱直入，直抵吴国都城，让夫差毫无还手之力。这与西施作为越国人的努力是分不开的。可以说，西施是勾践灭吴雪耻的功臣之一。

明代西施祠有楹联云："越锦何须衣义士，黄金祇合铸娇姿。"便是对西施在越国灭吴中的功劳的肯定。

后来，西施神秘地失踪了，特别奇怪的是，那年的湖上新开了许多清雅纯洁的花。人们都认定西施是化身为明珠返回天宫去了，而那花就是西施灵魂的化身，称莲花。

受西施的影响，人们往往把初放的荷花和容貌艳美的女孩子称为出水芙蓉。清代诗人郑板桥念及这个传说，曾作过一首《芙蓉》诗：

荷花古画

最怜红粉几条痕，水外桥边小竹门。
照影自惊还自惜，西施原住苎萝村。

荷花亭亭玉立于随风摇曳的田田荷叶间，远远望去秀美绝伦。她就像一个素衣红颜的少女立在一片翠绿之间，让人看之沉醉、心动。后来的人们以荷叶为茶美容，正是向往西施之美和荷花的素淡。

阅读链接

根据《本草纲目》的记载，荷花是很特殊的药材，莲子、莲衣、莲房、莲须、莲子心、荷叶、荷梗、藕节等均可药用。

这些中药品来自同一种植物，但不同的部位作用却不相同。荷花能活血止血、去湿消风、清心凉血、解热解毒。莲子能养心、益肾、补脾、涩肠。莲须能清心、益肾、涩精、止血、解暑除烦，生津止渴。

荷叶能清暑利湿、升阳止血、减肥瘦身，其中荷叶简成分对于清洗肠胃，减脂排瘀有奇效。藕节能止血、散瘀、解热毒。荷梗能清热解暑、通气行水、泻火清心。

佛教中荷花的内涵

古画《荷花水禽图轴》

莲花是佛教经典和佛教艺术经常提到和见到的象征物，这是因为它与释迦牟尼的许多传说联系在一起。

据说，释迦牟尼本是天上的菩萨，下凡降生到迦毗罗卫国净饭王处。净饭王的王妃摩耶夫人，长得像天仙一样美丽，性情温和贤淑，与国王情深似海。

摩耶夫人回忆新婚之夜时说，她蒙眬中看到远处有一个人骑着一头白象向她走来，并且逐渐变小，从她的右肋处钻入她的腹中。她心中模模糊糊地预感到菩萨化作一头白象入胎。

日后，身怀有孕的摩耶夫人脸上，微微泛着红晕，那色彩鲜艳的绿色领口花边像一片莲叶，她的脸儿则像一朵绽开的莲花。

后来摩耶夫人在娑罗树下降生释迦牟尼时，百鸟群集歌唱，天乐鸣空相和，四季里的繁花都一同盛开。尤其是沼泽内，突然开放出大得像车盖一样的莲花。

佛祖一出世，便站在莲花上，一手指天，一手指地，并说："天上天下，唯我独尊。"这天正是四月八日，以后就成了佛教的"浴佛节"。

释迦牟尼觉悟成道后，起座向北，绕树而行，"观树经行"，当时就是一步一莲花，共18莲花。每当他传教说法时，坐的是"莲花座"，坐姿也成"莲花坐姿"，就是两腿交叠，足心向上。

佛经上说，人间的莲花不出数十瓣，天上的莲花不出数百瓣，而净土的莲花千瓣以上。佛教经典《楞严经》里说：

尔时世尊，从肉髻中，涌百宝光，光中涌出，千叶宝莲，有化如来，坐宝莲上。

古籍《诸经要解》里面也说：

■ 莲花古画

菩萨 佛教神灵之一。佛教里有四大菩萨，象征四种理想的人格，即愿、行、智、悲。佛教传入我国后，中土的信徒从众多的菩萨中选出3位，组成"三大菩萨"，又称"三大士"，即文殊菩萨、普贤菩萨和观音菩萨。后来又加上了地藏菩萨，变成"四大士"。加上弥勒佛，5位菩萨分别代表了不同的意义。

■ 明代王问画作
《荷花图》局部

故十方诸佛，同生于淤泥之浊，三身证
觉，俱坐于莲台之上。

可见，莲花表示由烦恼而至清净，说明了它生于
淤泥，绽开于水面，出淤泥而不染的深层内涵。

同时，莲花在炎热夏季的水中盛开，炎热表示烦
恼，水表示清凉，也就是说，莲花是从烦恼中解脱而
生于佛国净土的圣人化身。

佛教有"花开见佛性"之说，这里的花即指莲
花，也就是莲的智慧和境界。人有了莲的心境，就出
现了佛性。莲花出污泥而不染的圣洁性，象征佛与菩
萨超脱红尘，四大皆空。

莲花的花死根不死，来年又发生，象征人灵魂不
灭，不断轮回中。佛教把莲花看成圣洁之花，以莲喻
佛，象征菩萨在生死烦恼中出生，而不为生死烦恼所
干扰。

四大皆空 佛教
把一切物质现象
归纳为四种基本
要素，即坚性的
"地"、湿性的
"水"、暖性的
"火"、动性的
"风"，谓之"四
大"。佛教讲四
大皆空，是沿用
着印度固有的思
想而再加以深刻
化及佛教化的。

佛教认为，佛祖就是出于淤泥间挺然而出的莲花，虽然超脱凡俗却不离世间法。莲与佛教所主张的出世人格，有着天衣无缝般的契合。佛教还认为，人间烦恼多于恒河沙数，迷失自我就如同身陷于淤积垢之中。

有志者就应该像莲花那样，努力修行净化自我，不受污染，超凡脱俗，追求到达清净无碍的境界。莲花的自然美完全可用来象征佛教的这种理想。况且，莲花本身也确实有吸引人的地方。

另外，按照佛教的说法：三界的众生，以淫欲而托生；净土的圣人，以莲花而化身，并能以世人所熟悉的形象示现。既然莲花代表佛祖清净的法身，庄严的报身，于是便成了佛教艺术的重要题材，也是佛寺中经常见到的吉祥物。

佛教有宝伞、双鱼、宝瓶、莲花、白螺、如意、宝幢、金轮八种吉祥宝物，释迦牟尼把莲花放在最崇高的位置。

由于莲花在佛教中的神圣意义，佛经中把佛教圣花称为"莲花"，把佛国称为"莲界"，把袈裟称为"莲服"，把和尚行法手印称为"莲蕖华合掌"，甚至把佛祖释迦牟尼称为"莲花王子"。

另外，莲花是百花中唯一

■ 荷花图轴

■ 古画荷花图轴

草木有情

草木美誉与文化象征

佛像 佛陀塑像的简称，由于形象皆以释尊为主体，所以佛像有三十二相、八十种好的理想特征，各尊佛像的形体、容貌和姿仪皆祥和、宁静、端详、庄严。佛像是造像数量最多的一类。包括释迦牟尼佛、强巴佛、无量寿佛等等。

能花、果、种子并存的，象征佛家"法身、报身、应身"这"三身"同驻，我国敦煌、云岗、龙门石窟，都有很多以莲花为内容的艺术构想，比如，龙门石窟的宾阳洞雕有莲花装饰图案以及莲花洞窟顶上的莲花都独具特色。

就是在一般的大小寺庙里，佛、菩萨的雕塑也离不开莲花，不是高踞莲花座上，就是手持莲花，注目凝思。就连世人最熟悉的观世音菩萨也是以莲为伴。观音的许多形象都将莲花作为陪衬：

白衣观音，左手持莲花，右手作与愿印；卧莲观音，卧于池中莲花之上；施乐观音，右手支颊，左手在膝头捻莲花；一叶观音，乘莲花漂行于水面；威德观音，坐于岩畔，左手持莲花；多罗尊观音，手持青莲花；不二观音，坐于莲叶之上；持莲观音，坐在莲叶上，双手持莲花。

所以常人所见的佛像和佛经中，介绍净土佛国的圣贤都以莲花为座，或坐、或站，都在莲花台之上，以代表其清净庄严。可见，莲是佛国净土的象征。

在佛法里，还将菩萨的十种善法分别用莲花做了比喻：

一是要离诸染污。菩萨修行，能以智慧观诸境于一切法，不生贪爱，虽处五浊生死流中，而不为生死过失所染，比喻莲花出于水而不为污泥所染也。这五浊，指的是劫浊、众生浊、烦恼浊、见浊、命浊。

二是要不与恶俱。菩萨修行，要欲灭一切恶，生一切善，于身口意，守护清净，不与纤毫之恶共俱，比喻莲叶虽会被滴上水，却从不让水珠停留的特点。

三是要戒香充满。菩萨修行，要的是坚持不犯任何一条戒律，用戒律来灭身口之恶，就像香气能除粪秽之气一样。因此佛经常讲：戒香芬馥，广布充满，比喻莲花开放时，妙香广布，遐迩皆闻的特点。

四是要本体清净。菩萨因持戒故，身心清净虽处五浊之中，而能无染无著，比喻莲花虽然天生就会成长在污泥浊水之中，但是本身天然洁净，没有带任何污点。

五是要面相熙怡。熙，指的是和乐的样子。怡，指的是喜悦的样子。菩萨如果能保持心情平和，安宁愉悦，就不会有皱眉之类发愁的表情。诸相圆满，令看见菩萨的人也能心境平和欢喜。这是比喻莲花盛开时也给观赏的人带来了喜悦之情。

六是要柔软不涩。柔软则随顺，不涩则无滞，讲的是菩萨修慈善之行，要从内到外无所滞碍，充于体内而形于身

洁净无染

荷花

■ 古画荷花图轴

六根 也叫六情，在佛教中指六种感觉器官，或认识能力。眼、耳、鼻、舌、身、意。眼是视根，耳是听根，鼻是嗅根，舌是味根，身是触根，意是念虑之根。

外，因此体态清净，柔软细纱而不粗涩，比喻莲花花瓣柔软而颜色润泽的特点。

七是要见者皆吉。菩萨的修行成就高了，外形体相就会随之美妙起来，令所看见的人也能得到吉祥。这是在比喻莲花开放时的芬馥美妙，能令看见或梦见的人也都能得到吉祥。

八是要开敷具足。菩萨修行功成，智慧福德，庄严具足，比喻莲花开放而其华果具足也。

九是要成熟清净。菩萨修因既圆的时候，妙果成熟，慧光发现，能使一切有幸目睹这些的人都六根清净，比喻莲花盛放时，若眼睹其色，鼻闻其香，则自己也能六根清净。

十是要生已有想。菩萨初生之时，诸天人等咸乐护持，以其必能修习善行，证菩提果，比喻莲花初生之时，虽然还未开出花，但其他人都已经对莲花抱有美好的幻想了。

不仅如此，莲花还与佛教医学有着密切关系。莲花含有丰富的营养，既可食用又可药用。古代女子常采清晨带露的莲花敷面美容，或服食莲

■ 荷花古画

花以驻颜益色。将初放鲜嫩的莲花用开水泡饮，其汁翠绿清香，还有清暑解热和生津开胃之功效。

佛祖的弟子经常用莲藕作为药用来治病，并发现了莲藕的许多药用价值。相传佛祖的十大弟子之一，舍利弗，患有肺结核，目犍连来探望他，得知舍利弗喜欢吃莲藕后，就带些新鲜莲藕让舍利弗吃，舍利弗吃了莲藕后果然病愈。

莲花在佛教被尊为"圣物"，这是因为莲花象征完全符合东方文化的风尚，宁静、愉悦、超脱和微笑。无量佛如莲，无边佛如莲，人生也应如莲，安详则步步生莲。因此，莲花所蕴含清净的功德与清凉的智慧，永远为佛门弟子所崇仰，为世间善众所喜爱。

古画荷花图

阅读链接

莲花出淤泥而不染，佛教中很多方面也与莲有关。《大般若经》中，十方诸佛派遣菩萨到娑婆世界向释尊问讯，都是手持金色莲花供养佛陀；甚至在佛教的建筑上，也可看到庄严的莲花。

除了在硬体的建筑上与莲花有关外，佛教在用词上，也有很多与莲花相关的，如莲花化生、花开莲现、九品莲花、心净即莲台、莲花栽净域等。

荷花莲子寓意吉祥

草木美誉与文化象征

荷花古画

荷花这种植物在我国栽培已久，最早的记录是在商周时期。数千年来，人们一直喜欢这种美丽而高洁的植物，并将其赋予许多美好的象征意义。

莲花因其水生，在众多花卉中尤显洁净、高贵，所以人们经常把它与美人联系在一起。形容一个女子的美丽与清纯，多用"出水芙蓉"，传说中的四大美人之一西施，其故事也多与采莲、浣纱联系在一起。

我国最早诗歌总集《诗经·国风·陈风》中的《泽陂》说：

彼泽之陂，有蒲与莲。
有美一人，硕大且卷。

这便是直接把莲花比喻成美人。曹植的《洛神赋》也有将美人比作莲花的辞句：

远而望之，皎若太阳升朝霞；迫而察之，灼若芙蕖出绿波。

将莲花形容美人的诗句不胜枚举。在古代，也有用莲花形容美男的典故。最著名的莫属唐代女皇武则天时张昌宗，其外号叫六郎，人们都夸他"貌似莲花"而留下的"六郎似莲花"的掌故。

美人总是与爱情联系在一起的，而莲花洁净、美丽，最适合作纯洁、美好爱情的象征。

在民间，新婚洞房的布置，对联和窗花就常有"并蒂莲""鱼戏莲""荷花鸳鸯"这些元素，古人也常以"并蒂莲开"来形容夫妻的恩爱。

莲花的根是藕，与"偶"谐音，而藕中又有千万条细丝，藕虽断，丝还连，这简直就是天造地设的爱情象征物。

莲花的果实，莲子，因其生长于莲房中，一子一

《荷花芦草图轴》

曹植（192年—232年），三国曹魏著名文学家，"建安文学"代表人物。相传曹植10岁多就能诵读诗、文、辞赋数十万言，出言为论，落笔成文，深得曹操的宠爱。人因他文学上的造诣而将他与曹操、曹丕合称为"三曹"。

■ 古画荷花图

隔，互不干涉，又与我国传统伦理"多子多福""兄弟有序"的观念极为吻合，因此被赋予了"多子"的意义。

又因"莲"与"连"谐音，所以民间还有用"莲生贵子"来祝贺他人多子多福的说法，以莲来象征家族繁荣。

莲又称荷，而"荷""和"谐音，因此民间便赋予荷和气、和平、祥和、和合、和好的美好寓意。民间很常见的吉祥画《和合二仙》，便是一人手中执荷，另一人手中捧盒，盖取其谐音之故。

"以和为贵"是我国古老的传统观念，并且还衍生出许多带"和"字的吉祥话语，如"和气生财""和气致祥""家和万事兴"等。

莲花是生长在淤泥之中的，而其却不为淤泥所染，其藕洁白。其叶青翠，其花香美。因此自古大家

和合二仙 我国民间传说之神，主婚姻和合，因此也叫作和合二圣。相传唐人有万回者，因为兄长远赴战场，父母挂念而哭泣，遂往战场探亲。万里之遥，朝发夕返，故名"万回"，民间俗称"万回哥哥"。以其象征家人之和合，自宋代开始被祭祀作"和合"神。

就将其作为美好、高洁的象征，后来人们更是赋予了它高尚、正直、廉洁的君子之风的含义。

民间流传的《一品清廉图》就是一茎青色莲花的图案，取"青莲"与"清廉"的谐音，以莲之高洁喻为官清廉。而成语"捣麝拗莲"取了蔡文姬和苏武的典故，用来形容人们对自己的祖国坚贞不屈的情怀。

说到莲花象征的君子之风，就不得不提宋代大理学家周敦颐的《爱莲说》。这篇《爱莲说》寥寥119字，却成为了千古绝唱。其中有一段这样写道：

予独爱莲之出淤泥而不染，濯清涟而不妖，中通外直，不蔓不枝，香远益清，亭亭净植，可远观而不可亵玩焉。

■ 宫廷画家郎世宁
作品《荷花蝴蝶》

在文中，周敦颐描述了莲的4种品格：积极入世却不为世俗所染；本身美丽却不向他人献媚；行为正直而不趋炎附势；独立自尊而不可亵渎，将莲花的象征意义提高到了顶峰。

这篇文章在我国的莲文化史上占有非常重要的一页，也就

理学 又称道学，是我国宋元明清时期的哲学思潮。理学产生于北宋，盛行于南宋与元、明时代，清中期以后逐渐衰落，但其影响一直延续到近代。广义的理学包括各种不同学派，狭义的理学，专指程颢、程颐、朱熹为代表的、以理为最高范畴的学说，即程朱理学。

是从这篇《爱莲说》问世之后，莲作为君子的象征意义才真正深入人心。

我国土生土长的宗教，道教，也十分尊崇莲花，称莲花为仙花，称藕为灵根。道教传说中有许多和莲花有关，比如，小说《封神榜》中，那些道教神仙一出场往往是"开口有庆莲，垂手有白光"，而且还有个由莲藕构成身体的神仙：哪吒。

■ 瓷盘中的荷花图

由于莲花被赋予了道家仙气，因此很多道教名山上都有莲花山或者莲花峰，像是衡山、黄山、庐山、武夷山上都有，而西岳华山干脆就是"莲花华山"简化过来的，沉香劈山救母这个流传千古的道教传说就是发生在此。

草木美誉与文化象征

阅读链接

荷花对生长环境有着极强的适应能力。在我国荷文化史上，盆荷这种形式出现之初只是被用于私家庭院观赏。如今，在我国各地园林中，盆荷的应用非常广泛。盆栽和池栽相结合的布置手法，提高了盆荷的观赏价值。

荷花水石盆景是在杭州出现的一种新的盆景。它是荷花盆栽与水石盆景的有机结合，既体现山石的刚毅挺拔，又显示荷花的娇艳妩媚。荷花盆景可选用珊瑚石、砂积石、斧劈石、英石等山石作材料。

古人爱荷花的诗篇

荷花因为它出淤泥而不染，让自视高洁的古代文人墨客吟哦不止，涌现出许多优美的诗篇，成为我国古代文学的重要内容。

唐代诗人李白，一生狂放不羁，又才华横溢。无论是酒醉之后还是在山水游乐之间，他一咏一叹皆成文章，所做诗词更是字字珠玑。可惜的是，李白一生并未得到过真正的重用，也许这也是李白故作潇洒来排遣心中忧愁的原因之一。

人总是在逆境之下才会对

古画荷花

古画荷花

草木有情

草木荣誉与文化象征

生活有更深的感受。李白的玩世不恭和坎坷经历让他的作品愈加深刻，文笔愈加精炼，而他和达官贵人们格格不入的"青莲居士"作风，更是让古今无数人感叹他的仙风道骨。

但是，正如隐士们要靠隐遁山林不问世事来排解不能为国献策、效力君主的苦闷一样，器宇轩昂，看似无牵无挂的李白其实也是在以游戏人间的姿态隐藏自己内心的牵挂和忧伤。

酒醉之后的李白敢令高力士脱靴，命杨贵妃磨墨，世人都知他表面轻狂奔放，但内心里却是忧国忧民的。否则，如果李白只是个胆大包天的登徒子，又怎么可能会青史留名呢？

犹如当年的屈原将兰花视为美政，视为君王，李白也将自己对国家的一片赤胆忠心诉诸笔端，将自己的理想和牵挂隐喻成一位可望而不可即的佳人。他那么潇洒的一个人，还曾小心翼翼地为她送上莲花示爱，希望她能明白自己的心意。

李白如此执着的追求，可惜没有得到佳人的垂青。这就是李白所做的《折荷有赠》：

涉江玩秋水，爱此红蕖鲜。

攀荷弄其珠，荡漾不成圆。

佳人彩云里，欲赠隔远天。

相思无因见，怅望凉风前。

秋水澄清，嬉戏江湄，红荷鲜美，色泽娇媚得让人移不开眼。攀折下一支碧绿的荷叶，戏弄着荷心的水珠，看它荡漾着滴落，终究没有成圆。你远在天上的彩云之中，离我那么远。我只是想把这荷花赠给你，却为何这么难？深深地思念着你，却始终没能相见，在寒冷的

古画荷花图局部

■ 古画荷花

秋风中我惆怅地望着远方，内心不再有欢乐。

人生不如意事常十有八九，可与语人无二三。就连一辈子潇洒的诗仙都有愁苦感慨的时候，更何况是历朝历代的其他诗人呢！

南宋诗人杨万里也是一位爱国志士，他一生关心国家命运，留下了大量抒写爱国忧时情怀的诗篇。身为"中兴四大诗人"之一的杨万里并不孤独，时任秘书少监、太子侍读时的他有位下属兼好友，林子方。

杨万里和林子方经常聚在一起畅谈强国主张、抗金建议，也曾一同切磋诗词文艺，两人志同道合、互视对方为知己。后来，林子方被调离皇帝身边，赴福州任职，职位知福州。林子方甚是高兴，自以为是仕途升迁。

杨万里则不这么想，他想劝告林子方不要去福州，又不知如何开口，就干脆借荷花之貌，以一首七言绝句《晓出净慈寺送林子方》婉转相告：

杨万里（1127年—1206年），字廷秀，号诚斋，南宋杰出诗人，与尤袤、范成大、陆游合称南宋"中兴四大诗人""南宋四大家"。杨万里学问渊博，才思健举，他的作品富有变化，既有鸿篇巨制，也有写景抒情小诗。诗风平易自然、构思新巧、幽默风趣、清新活泼，有很强的艺术感染力。

毕竟西湖六月中，
风光不与四时同。
接天莲叶无穷碧，
映日荷花别样红。

秘书少监　古代官职之一。在唐代官制中，负责掌管经籍图书的秘书省设秘书少监两人，从四品上。秘书丞一人，从五品上。在宋代官制中，秘书少监是秘书省的负责人，掌管古今图籍、国史实录、天文历数等。

　　六月里西湖风光景色到底和其他时节不一样：那密密层层的荷叶铺展开去，与蓝天相连接，一片无边无际的青翠碧绿；那亭亭玉立的荷花绽蕾盛开，在阳光辉映下，显得格外的鲜艳娇红。红得那么娇艳、那么明丽，连天"无穷碧"的荷叶和映日"别样红"的荷花，不仅是春、秋、冬三季所见不到，就是夏季也只在六月中荷花最旺盛的时期才能看到。这样的美景，足够使你留恋，不再离去了吧？

　　众所周知，荷叶是不沾水的。就算有再多雨水或者湖水喷溅在了荷叶上，荷叶也都会干干净净地将水

■ 古画荷花

化为一颗颗水珠，利落地将水珠弹开。这就是荷花的魅力，它能给单调的水也带来生气。

在更多的诗人看来，莲花俨然是西施的化身，妩媚，娇柔，轻灵，飘逸。而不沾水的荷叶正是这位佳人调皮的嬉戏。北宋时期的大臣杜衍就曾经写过一首《雨中荷花》说：

翠盖佳人临水立，檀粉不匀香汗湿。
一阵风来碧浪翻，珍珠零落难收拾。

雨中的荷花盛开着，就像在河畔边伫立身着绿衣的佳人。雨水太急，将她的脂粉都冲开了，妆容也弄花了，也像是她香汗淋漓的样子。一阵风吹来，水中的荷叶起伏不定，像是碧绿的波浪在翻滚。风把打在荷叶上的雨水也吹乱了，一时间，散乱的水珠像是一颗颗跳跃的珍珠，让人眼花缭乱。

阅读链接

在中华传统文化中，经常以荷花即莲花作为和平、和谐、合作、合力、团结、联合等的象征；以荷花的高洁象征和平事业、和谐世界的高洁。因此，赏荷赞荷也是对中华"和"文化的一种弘扬。

荷花品种丰富多彩，是"和而不同"，但又共同组成了高洁的荷花世界，是"和为贵"。荷花是友谊的象征和使者，1989年在北京专门成立中国荷花协会，促进它在中华大地上碧波万顷，香飘无涯。

荷花古画

石榴

　　我国人向来喜欢红色，满枝的石榴花象征了繁荣、美好、红红火火的日子。石榴果实饱满，心籽重叠，显得丰硕，"多籽"与"多子"同音，多子多福，古代认为子孙繁盛是家族兴旺、万代长春的幸福标志。

　　石榴籽色彩鲜艳，给人以红红火火的喜庆感，也是寓意子孙繁盛、生活幸福的吉祥象征物。所以很多人都喜欢在自家庭院里种植一两棵石榴，初春时婀娜多姿，盛夏繁花似锦，秋季累果悬挂，以祈求生活如石榴花般红红火火，像石榴籽般人丁兴旺。

张骞从西域引进石榴

　　河阴石榴是一种古老的树种，是由西汉时的"博望侯"张骞从西域引入的。河阴石榴在盛唐时被封为朝廷之贡品，后来成为应节佳果和吉祥的象征。据古籍《河南通志》记载：

石榴图

安石榴峪在河阴县西北二十里，汉张骞出使西域涂林安石榴归植于此。

关于仙石榴来历，有很多神奇的传说，据清代《河阴县志·山川志》记载道：

石榴峪去县西北二十里，汉张骞出使西域得涂林安石榴归植于此。河阴石榴味甘而色红，且巨，由其种异也，有一株盈抱者，相传为张骞时故物。旧志云，张骞入兜牛宫，仙女赠花植此……张骞泛槎，西见王母赠之，偶植于此，故名仙石榴。

■ 张骞像

据传说，汉武帝时，张骞奉旨去西域。一路上风餐露宿，跋山涉水，历尽寒热饥渴之苦。越向西走，路越艰险，又加上水土不服，闹得张骞心满肚胀，不思饮食；虚火上升，口舌生疮。

这天，张骞和随从来到昆仑山下。他们又饿又累，张骞只好传令找个背风的地方休息。而张骞则忍着饥饿、病痛，独自顺一条山路向前走去。

拐了几个弯后，张骞隐约听到远处有人讲话。他

盛唐 是尊颂唐王朝的一种说法，指唐玄宗在位的开元、天宝年间，大致相当于8世纪上半叶。盛唐时期的唐朝国家统一，经济繁荣，政治开明，文化发达，对外交流频繁，社会充满自信，不仅是唐朝的高峰，也是我国古代社会的鼎盛期。

石榴古画扇面

草木有情

草木美誉与文化象征

玉皇大帝 我国古代传说中最大的神，也是众神之皇。除统领天、地、人三界神灵之外，还管理宇宙万物的兴隆衰败、吉凶祸福。因为有制命九天阶级、征召四海五岳的神权，所以众神佛都列班随侍左右。

循着声音一边张望，一边鼓起劲儿走。走了一阵，声音没有了，抬头看时，只见路边有一块四四方方的石头。

张骞绕着石头看了看，朝西一面写着"通天路"3个大字。这时，前边又传来"咯咯"的笑声，张骞十分好奇，就又迈步向西走。哪知他刚走三步，一股狂风刮起，吹得地动山摇，张骞连忙闭眼躲避风沙。

大风过后，张骞睁眼一看，四周居然全变成了直陡陡的石壁，把他圈在里边，向上看有十来丈高，简直像是掉进了一口巨大的井里。

张骞还在发愁怎么爬出去的时候，听到地面上传来一男一女的争吵声。温柔的女声说："王母命我引他上天，你为何把他阻拦？"接着是瓮声瓮气的男声说："怕是你这仙姑思凡想嫁人吧！看我去玉皇大帝面前告发你！"

过了一会儿，根白绫带落下来。张骞上去拽住白绫带，只觉身体一轻，随带向上飘起。转眼之间，张骞从那"石井"中出来，悬在半空。这白绫带是一位仙姑的腰带，张骞死死拽着白绫带，随着仙姑向西"嗖嗖"地飞去。

一会儿，扯得紧绷绷的白绫带突然一松，仙姑不见了，张骞摔落下来。停了片刻，张骞稳住神，看看前面是座石牌坊，牌坊上雕着"西天瑶池"4个大字。

张骞又惊又喜，自己一个凡人，竟然有幸来到了仙境。他壮了壮胆，走过牌坊，向里张望，一片树绿花红，处处水碧草青。张骞觉得心旷神怡，周身轻松，双手一背，慢慢悠悠地走起来。

在一个朱栏玉砌的亭子旁边，有一棵枝繁叶茂的树，上边红花朵朵，挂着一个个拳头大的果实。张骞停下来，细细端详着这棵果树。他游历过许多地方，但是还真没见过这种果子。

113

红红火火

石榴

■ 南宋画家鲁宗贵画作《石榴图》

古画石榴图

为了弄个明白，张骞伸手摘下一个，剥开红艳艳的硬皮一看，那果实里面一排排一层层的，满是珍珠玛瑙般的籽儿，看上去汁水充盈，小巧玲珑。

张骞掰了一个籽儿，小心翼翼地放进嘴里，轻轻一咬，果实甜汁四溢，郁香可口。张骞一下子就喜欢上了这籽儿甜中带酸的口感，就把籽儿都倒进手心，津津有味地嚼起来。

一整个果实吃完后，张骞顿时感到口舌滋润，肚里的胀满也无影无踪，心里十分爽快。聪明的张骞马上意识到这个珍奇异果能清热生津，消食化积，就决定偷偷摘几个，一来路上吃，二来留下种子，带回去让老百姓栽种。

张骞踮起脚，伸手刚摸着一个大点儿的果子时，背后突然传来清脆的呵斥声："何人如此大胆，敢偷摘王母娘娘的石榴！"张骞急忙转过身，发现是那个带着自己上天的仙姑款款而来。

没等仙姑开口，张骞连忙作揖施礼，把他奉旨出使西域，路上诸多艰辛，眼下水土不服，腹内胀满，口舌生疮，吃了这果的籽儿，竟好了许多的事儿讲说一遍，恳求仙姑赏赐几个石榴。

仙姑叹了一口气，对张骞说："我本来是奉王母娘娘之命，来带你上天吃几个仙桃、仙枣解解饥饿的，没想到你居然吃了这石榴仙果啊！"

仙姑接着说："这种仙果树整个天宫也仅此一棵，结的果子还不够玉皇大帝吃呢。你偷吃仙果本来就是犯下大罪了，怎么可能会再给

草木有情

草木美誉与文化象征

你几个呢？"

张骞听完仙姑一席话，感激地说："王母娘娘真是仁慈啊！只是桃、梨、杏之类的东西，人间到处都是，谁也不稀罕。可是我们凡间没有石榴，如果您能让我带一个回去，让百姓栽种，也是王母娘娘对天下苍生的恩赐呀！"

仙姑心软了，就又摘了两个石榴递给张骞，叫他快快离开这个仙境。张骞急忙把石榴揣进怀里，顺原路跑了回去。仙姑正要收拾石榴树下的石榴皮时，只听一阵笙瑟奏鸣，玉皇大帝和王母娘娘来了。

玉皇大帝看见未被清扫干净的石榴皮，心里很奇怪，就叫来仙姑询问。仙姑知道自己瞒不过玉皇大帝，就把实情告诉他。

玉皇大帝听后有些生气，说："这石榴虽然也是仙果，却是还没好好受过仙气熏陶的一棵，心气还不够静。如今你私自做主将它放到人间去，只怕这石榴是要给人间惹祸的。"说完，他就叫来仙兵去追赶张骞。

张骞十分害怕，他急匆匆地在缥缈云雾中往前跑，一失足，就从云端上掉了下来。张骞压住惊慌，向下看看，只见地上一条长带，西头白东头黄，太阳一照，若隐若现，时而闪闪发光。

这是什么地方？又向下落了一会儿，张骞看清下边是条河。他想，肯定是

瑟 又称"五十弦"，是我国古代的拨弦乐器。瑟的形状像琴，有25根弦，弦的粗细不同，每弦瑟有一柱，按五声音阶定弦。瑟的体积大，空腔大故音量大，弦多则音色变化多，用于帷幕后面隐匿处作为背景音乐的演奏，目的是给宾客饮酒谈天营造一种轻松愉快的气氛。

115

红红火火

石榴

■ 古画中的石榴

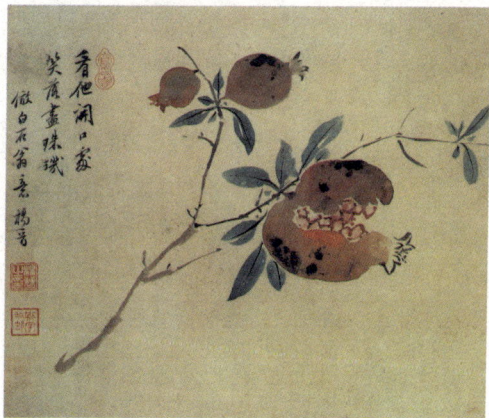

黄河。眼下自己是九死一生，摔死也要摔在黄河边，死在自己的故土上。张骞在空中手扒脚蹬，借着风吹，从黄河的上空飘落下来。

张骞越落越快，哗哗流水声都听得清清楚楚了。他一闭眼，"嗵"的一声，摔在黄河里。他被人们救上岸，两天两夜才醒过来。

张骞醒来后，问这是什么地方？人们告诉他，是河阴。河阴这里被邙山围着，一片黄土，是种树的好地方。张骞想到自己九死一生带出的仙果，不顾身上伤痛，从怀里掏出石榴，分给老百姓，让他们立刻种下去。

从此石榴就在河阴生长、开花结果了。河阴石榴籽大、色红、味甜，落地不沾尘土，由于是张骞从天上带下来的，所以也有人把河阴石榴叫作"仙石榴"。

这只是一个传说，石榴，原产伊朗、阿富汗等地。汉代，石榴经丝绸之路引入我国，并植于上林苑、骊山一带。唐代流行结婚赠石榴的礼仪，宋代开始盛行石榴对联、谜语，明清时，民间又有了石榴月饼拜神仙的习俗。

阅读链接

临潼石榴经过2000多年的栽培和选育，已形成数十个各具特色的优良品种。既有籽肥汁多、香甜可口的食用品种，也有飞红流绿、花色艳丽的观赏品种。食用品种共有10余个，分为酸甜两大类。酸石榴以大红酸、鲁峪蛋两个品种为上品，其果实硕大，籽粒饱满，汁丰味酸，最大的可达500克左右，甜石榴中则以大红甜、净皮甜和三白甜为佳。

前两个品种果皮为红色或粉红色，籽粒肥大柔软，汁多味甜。三白甜因花瓣、果皮、籽粒均为白色，风味以甜为主而得名。其特点是果皮薄，籽粒软，汁液多，味纯甜，贮性好，品质佳，当地群众又叫"软籽石榴"或"冰糖石榴"，名列甜石榴之冠。

石榴传入的美好传说

相传女娲氏炼石补天时，将一块红色的宝石失落在了骊山脚下。
有一年，安石国的王子打猎，在山林里看到一只快要冻死的金翅鸟，
急忙把它抱回宫中，又是喂食，又是治病。

■ 象征吉祥的石榴

古画中的石榴树

草木有情
草木美誉与文化象征

金翅鸟得救后，为了报答王子的救命之恩，不远万里，将骊山脚下的那块红宝石衔到了安石国的御花园，不久就长出一棵花红叶茂的奇树，安石国王便给它赐名"安石榴"。

公元前119年，张骞去西域时来到了安石国。其时，安石国正值大旱，赤地千里，庄稼枯黄，连御花园中的石榴树也奄奄一息。于是，张骞便把汉朝兴修水利的经验告诉他们，救活了一批庄稼，也救活了这棵石榴树。

后来，张骞回国的时候，安石国国王送给他许多金银珠宝他都没要，只收下一些石榴种子，作为纪念品带在身上。

不幸的是，张骞在归途中遭匈奴人拦截，在冲杀中将那棵石榴种子失落了。当张骞人马到了长安，汉武帝率百官出城迎接。正在此时，只见一位身穿红裙绿衣的妙龄女子，气吁吁、泪滴滴地向张骞奔来。

汉武帝及百官皆惊，不知

■ 国画《石榴图》

出了何事。张骞定睛一看，也大吃一惊，这不是在安石国下榻时被自己轰出门的那位姑娘吗？

原来，在张骞起程的前一天夜里，他的房门被轻轻叩开，只见那位姑娘正向他施礼，请求与恩人一同前往中原。

张骞一时弄不明白是怎么回事，暗想必是安石国使女想随自己逃往中原。自己身为汉使，不能因此惹出祸端，于是将其劝出门外，没想到她居然追来了。

张骞问道："你不在安石国，千里迢迢追赶我们究竟是为何？"

那姑娘垂泪回答说："我是石榴的化身，一心追随您不是图富贵，只求回报浇灌之恩。刚才路途中遭劫，因此急匆匆赶了过来。"

话刚说完，这个女孩就变为了一棵花盛叶茂的石榴树。张骞恍然大悟，向汉武帝禀报了在安石国浇灌石榴树的事。汉武帝大喜，命花工将其移植到御花园中，从此中原大地就有了石榴树。

到了唐代的时候，唐玄宗和杨贵妃也都十分喜爱

张骞（约前164年—前114年），字子文，我国汉朝卓越的探险家、旅行家与外交家，对丝绸之路的开拓有着重大的贡献。张骞开拓了汉朝通往西域的南北道路，并从西域诸国引进了汗血宝马、葡萄、苜蓿、石榴、胡麻等多种农作物。

石榴。据说有一年五月，唐玄宗得了一场怪病，久治不愈，即使所有的御医都想尽了办法，也还是没能治好。

有一天晚上，病中的唐玄宗昏昏沉沉地进入了梦乡，梦见一只小鬼偷走了自己的玉笛和杨贵妃的紫香囊，上蹿下跳，绕殿而奔。

正当唐玄宗又惊又气的时候，他又在梦里看见一位相貌奇异，头戴纱帽，身穿蓝袍、角带、足踏朝靴的豪杰壮士冲了进来，将那只偷盗的小鬼撕扯一番，囫囵吞食下去。

唐玄宗更惊讶了，连忙问那个壮士的身份。壮士向唐玄宗施礼后，告诉他说："我是终南山的人，名叫钟馗，天生豹头环眼，铁面虬髯，相貌奇异。高祖武德年间的时候我曾经考取过功名，但是奸相卢杞以貌取人，屡进谗言，从而使我的状元之位落选。我百般抗辩无果后激愤难当，怒撞殿柱而亡，惊天动地，泣鬼恸神，承蒙高祖爱护，得以赐绿袍被殡葬于终南福寿岭。为了报答高祖对我的恩惠，我自愿为您除尽大唐所有的妖魅。"

钟馗说完这一番话之后，唐玄宗就醒过来了，病也霍然而愈

古画中的石榴

了。想起梦中的情景，唐玄宗找来"画圣"吴道子，想为他描绘钟馗的面容。吴道子画艺精绝，提笔就画，所画的人居然和唐玄宗梦中的钟馗一模一样。

石榴绘画

唐玄宗在惊讶之下追问吴道子，吴道子告诉唐玄宗说，自己也梦到了同样的情形。唐玄宗更加肯定这是天意，就公告天下，将钟馗作为能除尽鬼魅不端的神灵。

当时是五月，石榴花开得正艳，也是疾病最容易流行的季节，而钟馗疾恶如仇的火样性格，恰如石榴迎火而出的刚烈性情，因此，后人就把能驱鬼除恶的钟馗视为了石榴花的花神。

阅读链接

石榴果实外形独特，皮内百籽同房，籽粒晶莹，酸甜清新可口，营养丰实。不仅可以生食鲜果，还可制作清凉饮料。石榴的药用价值，据历代医学家及中医临床经验证明，石榴具有生津化食，抗胃酸过多，软化血管、止泻、解毒、降温等多种功能。大多数人都有吃鲜石榴的习惯。所以，石榴是一种既具有食用价值，又有药用价值的果中之王。

石榴在全国部分地区有分布，可食的名品有陕西临潼石榴，籽粒似雪如玉，多浆，极甜；还有云南蒙自县青壳石榴，四川青皮石榴，山东枣庄软籽石榴，安徽怀远白籽糖石榴，广西胭脂红石榴，等等。

石榴的妙用与寓意

古代花鸟画中的石榴

酸甜可口的石榴得到了古今以来很多人的喜爱，就连杨贵妃也是。她不仅爱看石榴花，爱吃石榴，甚至在华清池内还有一棵相传是她亲手种下的石榴树。

杨贵妃喜爱饮酒，她在醉酒之后，脸色酡红，眼波流转，言语娇嗔，头上再簪一朵红艳的石榴花，样子分外动人。唐玄宗懂得怜香惜玉，想各种方法为贵妃解酒，石榴具有生津化食、软化血管、解毒等功效，解酒的效果比较好。

传说里讲玉皇大帝曾担忧未驯化好的仙果石榴为人间带去灾祸。而在唐玄宗的大臣们看来，杨贵妃就是一个灾祸，惹得君主无心政务。因此，当时有很多的大臣都故意气杨贵妃，即使碰到她也不施礼打招呼。

杨贵妃虽然无奈，却也没有办法，只是每天更努力地打扮自己。她有一件特别心爱的衣服，是件绣满石榴花的彩裙，颜色火红火红的，更衬得她娇媚动人。

有一天，唐玄宗设宴召群臣共饮，并邀杨玉环弹琴助兴，唐玄宗打着拍子跟着和唱，正到华彩乐章，贵妃手中的琴弦"嘣"地断了，这是平常没有过的事。

唐玄宗忙问原因，贵妃皱着眉说："肯定是因为听歌的大臣对我不礼貌，就连掌管音乐的神仙都为我鸣不平啊！"

唐玄宗一听这话，感到宠妃受了委屈，立刻发了火，下令说："以后无论任何臣子，见到贵妃娘娘不讲礼数的都要受罚！"

众臣无奈，凡见到杨玉环身着石榴裙走来，无不纷纷下跪使礼。于是"拜倒在石榴裙下"的典故流传千年，后来成了崇拜女性的俗语。

南北朝诗人何思澄在他的《南苑逢美人》诗中，就用石榴来暗比心中美女。诗中写道：

古画《石榴八哥图》局部

南北朝 我国历史上的一段大分裂时期，由公元420年刘裕篡东晋建立南朝宋开始，至公元589年隋灭南朝陈为止。南北朝上承东晋、五胡十六国，下接隋朝，南北两势虽然各有朝代更迭，但长期维持对峙，所以称南北朝。

媚眼随娇合，丹唇逐笑兮。
风卷葡萄带，日照石榴裙。

■ 水墨画石榴

石榴有许多美丽的名字：丹若、沃丹、金罂等。丹是红色的意思，石榴花有大红、桃红、橙黄、粉红、白色等颜色，火红色的最多，当时染红裙的颜料，也主要是从石榴花中提取而成，因此人们也将红裙称为"石榴裙"。明代诗人蒋一葵就曾在《燕京五月歌》里写道：

石榴花发街欲焚，蟠枝屈朵皆崩云。
千门万户买不尽，剩将女儿染红裙。

石榴不是一种单纯的水果，而是一种典型的药

明代 是我国历史上最后一个由汉族建立的大一统封建王朝，历经12世、16位皇帝，国祚276年。1368年明太祖朱元璋在南京应天府称帝，国号大明。明代前期综合国力强盛，开创了"洪武之治""永乐盛世""仁宣之治"和"弘治中兴"等盛世，国力达到全盛，疆域辽阔。

用水果；石榴可谓全身都是宝，果皮、根、花皆可入药，经常吃石榴可以防治很多疾病，且具有显著的美容功效，是一种难得的保健水果。

石榴鲜食，酸甜味美，加工制成饮料，也清凉可口。晋人潘岳在《安石榴赋》中赞石榴"御机疗渴，解酲止醉"。

历代医药书籍对它的医疗用途也有不少记载，一直沿作药用。民间用酸石榴一个，连其籽一齐嚼烂咽下，治疗胃口不开，消化不良。

石榴止血作用要归功于石榴花、果实、根中所含的丹宁，以及与丹宁结合的鞣花酸的作用。我国民间疗法是将石榴花250克与石灰混合，做成粉末，用香油等调和，制成涂抹药使用，对于割伤、烧伤、烫伤都有效。古代士兵作战，负伤时就用石榴汁治疗伤口

古文人咏石榴的诗篇中，除赞花外，写石榴果的也很多。形象地描绘了石榴的晶莹透明、酸甜可人。让人直觉口舌生津。

石榴素有"九州奇果"之誉，八月是其成熟的季节。中秋前后，沉甸甸的石榴压弯了枝头，雨后再经暴晒的榴皮最易爆裂，像极了红唇女子的笑，还透露着颗颗晶莹剔透的牙齿。

石榴花果并丽，火红可爱，又甘甜

红红火火

石榴

水墨画石榴

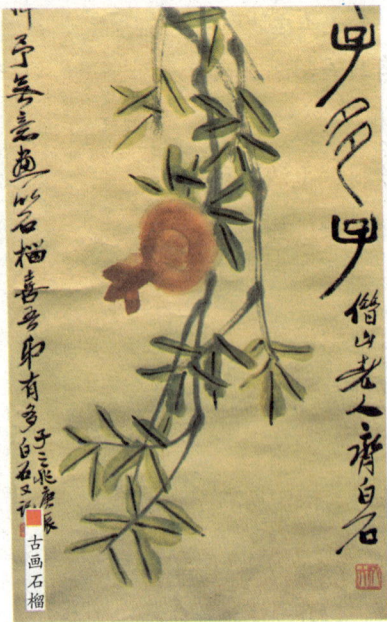
古画石榴

可口，被人们喻为繁荣、昌盛、和睦、团结、吉庆、团圆的佳兆，是我国人民喜爱的吉祥之果，在民间形成了许多与石榴有关的乡风民俗和独具特色的民间石榴文化。

石榴籽粒丰满，在民间象征多子和丰产；人们常用"连着枝叶、切开一角、露出累累果实的石榴"的图案，以象征多子多孙，谓之"榴开百子"；石榴又是我国人民彼此馈赠的重要礼品，中秋佳节送石榴，成为应节吉祥的象征。

石榴的"榴"原作"留"，故被人赋予"留"之意，"折柳赠别"与"送榴传谊"，成为我国吉祥物图案。

阅读链接

我国过去有一幅年画叫《百子图》，原来描绘的是3000多年前周文王跟他的一大群孩子。他们是旧时人们意想中的福星。后来有人把此画演绎成一个胖娃娃怀抱绽开果皮的大石榴，以示子孙众多。

青年男女结婚时，洞房里要悬挂两个大石榴。结婚礼品总要送一对绣有大石榴的枕头，祝他们早得贵子；初生贵子，亲友喜欢赠送绣有石榴图案的鞋、帽、衣服、枕头等，以示祝贺；老年人过寿时，晚辈要送石榴，祝老人幸福长寿。所以，石榴又是我国人民彼此馈赠的重要礼品。

松柏

　　松为百木之长，耐贫瘠，傲霜雪，四季长青而不凋零，象征坚贞不渝和永恒。在文艺作品中，常以松柏象征坚贞不屈的英雄气概。松是世界上最长寿的树种，寿享万年。我国民俗祝寿常有"福如东海长流水，寿比南山不老松"之辞。

　　我国人民自古以来就爱松、敬松，对松怀有一种特殊的感情，艰难时松使人顽强，顺利时松使人振奋，在千百年的历史进程中，造就了深厚的松柏文化。它不仅象征坚强、挺拔、高傲，不畏暴风骤雨，不畏酷暑严寒，还象征长寿、不老等。

老寿星幻化成松树

《松梅图册之一》局部

传说天上的老寿星在瑶池参加完王母娘娘的蟠桃宴后，他就带着没有吃完的蟠桃，到人间播种，想让人们也能吃上蟠桃。老寿星就骑着仙鹤向人间飞翔，他飞呀飞，终于飞到了人间。

王母娘娘知道后，非常气愤，认为蟠桃美味只配天宫享受，只能她独占。她把手一挥，一股强风向老寿星吹袭而去。

仙鹤驮着老寿星，被

清代叶欣画作
《古松入云图》局部

突然袭来的强风吹落在人间的一颗树上，树上的油脂紧紧地粘住了仙鹤的爪子，它怎么也飞不起来了啊！

老寿星于是拼命地对着大树喊："松开，松开，松开……"

王母娘娘使了法术，大树没有松开，仙鹤也没有飞起来。仙鹤只有永远停留在树上了，老寿星也慢慢地与树生长在一起了，成了树神。

后来，人们经过这棵树时，还能听见老寿星沙哑的"松开、松开"的喊声。人们为老寿星深深地感动，希望树能够松开。于是，就把这种树叫松树了。

传说神农为了给人们治病，常常到深山老林采集药物和亲尝百草。有一天，他走到松树林里，百鸟欢歌，飞瀑鸣谷，他便非常高兴地开始挖草药。

突然，神农发现了粘住仙鹤和老寿星的那棵松

寿星 星名，我国神话中的长寿之神。也是道教中的神仙，本为恒星名，为福、禄、寿三星之一，又称南极老人星。古代画像中寿星为白须老翁，持杖，颠部隆起。常衬托以鹿、鹤、仙桃等，象征长寿。

神农 就是炎帝,烈山氏,号神农氏,又称赤帝,华夏始祖之一,与黄帝并称中华始祖,我国远古时期的部落首领。炎帝制来耜,种五谷,立市廛,首辟市场。治麻为布,民着衣裳。作五弦琴,以乐百姓。削木为弓,以威天下。制作陶器,改善生活。为中华民族的人文初祖,他与黄帝结盟并逐渐形成了华夏族,因此形成了炎黄子孙。

树,他就骂道:"该死的松树,硬是应该砍光。"

这时,一只猛虎向神农扑来。神农灵机一动,就敏捷地往松树上爬。老虎没办法,就用嘴巴啃松树兜,想咬断树干。

松树油把老虎嘴粘住,越咬越粘,老虎只好走了。神农幸免于难,觉得是老寿星帮了他,老寿星已经是松树神了,就对松树说:"不砍活千年,子孙长满天。"

从此,松树长满了天下。它绝大多数都非常高大,为轮状分枝,节间长,小枝比较细弱平直或略向下弯曲,针叶细长成束。因此,其树冠看起来篷松不紧凑,"松"字正是其树冠特征的形象描述。松树坚固,品种很多,寿命很长,四季长青。

到了公元前221年,秦王嬴政建立了我国历史上第一个中央集权的封建帝国，历史上称他为秦始皇。他在执政期间，曾多次大规模出巡，到处刻石立碑，颂扬自己统一华夏、开拓疆域的丰功伟绩。

后来，秦始皇听说古代帝王必须亲自到泰山去举行封禅大典，才能算是有德行的君王。公元前219年，他就带着大批随侍人员到山东巡视。一天，他登临层峦叠嶂的峰山眺望，看见北方有一座更为雄伟高峻的大山，便问："那北方的高山，可否就是东岳泰山呢？"

"是的。"丞相李斯回答说。

秦始皇踌躇满志地说："我听说古代的三皇五帝，都曾登临泰山举行过祭祀天地的封禅大典。我现在是始皇帝，理所当然也应该去泰山封禅！"

李斯立即遵照秦始皇的旨意，安排在泰山脚下停了下来，商议进行封禅典礼的各项事宜。大家说，所谓"封禅"，就是到泰山顶上祭天，在泰山脚下祭地。前者叫封，后者叫禅。

有儒生又说，帝王上泰山顶上祭天最好不要坐车，非坐车不可，也要用蒲草裹起车轮子，以免辗坏山上的一草一木，这样才能表示对泰山的敬重。

■清代蔡嘉作品《松风幽径图轴》局部

坚强不屈

松柏

清代朱昂之画作《松阴书屋图轴》局部

高峰入云怀
流是底面峰
石壁不免去群
与此图似张松合

秦始皇一听竟有这样的条件，一气之下，就不许儒生们参加祭典，他自己带着亲信大臣们上了山。沿途有不好行车的地方，就砍树伐草，开山凿石。秦始皇心想："我倒要看看泰山山神其奈我何？"

秦始皇一行人浩浩荡荡上了泰山，祭了天，还在山顶上立了一块大石碑。突然，天色突变，乌云翻滚，眼看就要下大雨了。这时，有人说泰山山神发怒时，就有乌云黑雨，山洪暴发，什么都要冲走。

秦始皇以为得罪了山神，拔腿就往山下跑，手下一批人也紧跟而逃。大家刚刚跑到半山腰，只听得一声惊雷，瓢泼大雨就劈头盖脑地下来了。

秦始皇眼看就要被雨水冲下山，这危急时候，他发现路边有一棵大松树，他就赶忙双膝跪在树前，两手死死抱住树干，口中念念有词，哀求松树神老寿星保佑。

说来奇怪，雨便停下了。秦始皇认为松树神老寿星保佑了他，于是就加封松树为"五大夫松"。后来，人们在秦始皇避雨的大松树旁修造了一座凉亭，取名为"五松亭"，后来成了泰山的著名景观。

西汉武帝时候，传说武帝诏见西王母，见西王母一行都容光焕发，就问每天吃什么。当听侍从青鸟上奏说，他们吃的是松籽。武帝听后说："是啊！河内青龙山有不老松，那里的人吃松籽，一定都身强力壮啊！"

原来，在昆仑山有个王母洞，世称"王母行宫"，里面住着一位西王母。侍奉在王母左右的有大黎、小黎和青鸟。王母的主食是白松籽，每天上午雾

西王母 也叫金母、瑶池金母、瑶池圣母，道教女神。她与玉帝的王后王母娘娘并非同一人，她由混沌道气中西华至妙之气凝聚而成，是女仙之首，天上、天下、三界十方的女子得道登仙者，都属她管辖，是一位慈祥的女神。

133

坚强不屈

松柏

■ 元代倪瓒画作《幽涧寒松图》局部

《松石图轴》局部

终南山 道教主流全真派发祥圣地，又名太乙山、地肺山、中南山、周南山，简称南山，是秦岭山脉的一段，素有"仙都""洞天之冠"和"天下第一福地"的美称。对联"福如东海长流水，寿比南山不老松"中的南山指的就是此山。终南山主峰太白山盛产药材，素有"草药王国"之称。

气幻化时，青鸟就要在仙鹤陪同下，去白松岭为西王母采摘白松的松籽，然后返回王母洞中。

青鸟的足原本是青色，翅膀是赤巫色，脖身是绛色的，但连它自己也不知道，有一天忽然变成了娇柔的女郎，被她摘过松籽的白松也变成了一个个妖媚多姿的美人，那仙鹤反倒成了一对对黑白交颈的白松了。

到了公元前111年，即武帝元鼎六年，汉武帝发动十万人远征西羌，在经过白松岭时，不但见有青鸟飞升台，还有姿态各异的美人松、仙鹤松和不老松等。

到了汉成帝年间，有位猎人在终南山狩猎，无意间发现了一个全身长满黑毛像猴子似的东西。猎人从未见过，觉得十分稀奇，便邀村民们一起去捕捉。

村民们设下包围圈，几经周折，终于把怪物捉住了。大家仔细一瞧，原来捉到的不是什么怪物，而是一个女人。

村民们惊奇地问这女人为何住在山林中，又怎样变成这番模样时，她说："我原是秦始皇宫中的侍女，后来项羽大军逼近都城时，我怕乱军进宫后把我杀了，就逃了出来。后来皇宫也被烧掉了，我吓破了胆，最后便逃进了这终南山。"

这女人继续说："就这样，我好歹算是保住了命，可是在这深山老林里却没有东西可吃啊！就在我快要饿死的时候，突然出现了一位老人，好像老寿星，他叫我吃松叶和松果。我刚吃时很涩，简直无法咽下，但饿了不吃又不行。我硬是咽了下去，可吃了两三天后就觉得不像刚开始时那么难吃了，渐渐就习惯了。奇怪的是，吃了松叶、松果后，我再也不饿了，冬天也不觉得冷了，夏天也不觉得热了。"

这女人说的似乎不是假话，但她是秦始皇时候的人，此时却是汉成帝年间，算来已过200多年了啊！村民们觉得奇怪，就带她回村给她饭吃，待她十分友好。

两年后，这女人身上的黑毛全部脱落了，和普通人完全一样。但是，自从她吃了饭菜以后，再也不像第一次见到她时那么年轻了。又过了两年，她完全变成了老太婆了，很快就死了。

村民们都说，如果让她一直待在山林里，以松果松叶为食，她一定会成为神仙长生不老呢！

是的，松树十分耐严寒和酷暑，适应性强。我国古人习惯将松柏并列，都是因为松树和柏树都具有耐寒挺立和坚忍不拔的共同点。松树被人们誉为百木之长，可见松乃树木之中最优者。

在道教神话中，松往往是不死的象征，并且是飞升天廷的通道。道士服食松针、松花粉、松根，以期能长生不

《墨松图轴》局部

草木有情

草木美善与文化象征

明代姚绶作品
《松枝图卷》局部

死，并通过松树的冠盖飞升成仙。

后来，有书曾记载过一位道士由松树飞升的传说时写道：

> 松上有云鹤盘旋，萧笙响亮，道华突飞在松顶坐……俄倾，云中音乐声，幢幡隐隐，凌空而去。

东晋著名道士、医药学家葛洪说："大岭偃盖之松，大谷倒挂之柏，皆与天齐其长，与地等其久。"直言松柏与天地同寿。他所著《抱朴子》中这样记述：

> 南阳郦县山中有甘谷，水所以甘者，因谷上左右皆生苍松、甘菊，花粉堕入其中历世弥久，故水质为变，谷中居民食者无不长寿。

道士 信奉道教教义并修习道术的教徒通称。道士作为道教文化传播者，又以各种带有神秘色彩的方式布道传教，为其宗教信仰尽职尽力，从而在社会生活中，扮演着引人注目的角色。道士之称始于汉朝，当时意同方士。在道教典籍中，男道士也称乾道，女道士则相应地称坤道。黄冠专指男道士，女道士则称女冠。

松树龄长久，经冬不凋，唐代诗人孟郊说"青松多寿色"，这种比喻长寿的思想为道家所接受，后来成为道教长生不老的重要原型。

鹤在道教中是仙物，而仙物自然都是长生不死的，所以，仙鹤与同为仙树的松并列，寓意清雅长寿，松鹤延年自然是顺理成章的事。

对联文化是我国特有的文化现象，在对联中有一类寿联，是专门用于贺寿场合的，其中以松为喻的佳作甚多。家喻户晓的当属"福如东海长流水，寿比南山不老松"了，后来一直被人们常用。

又如，"青松增寿年年寿，丹桂飘香户户香""天上星辰常作伴，人间松柏不知年""松鹤千年寿，松龄万古春""室有芝兰春自韵，人如松柏岁常新"。用于贺女寿星的有"岁寒松晚翠，春暖蕙先芳"；用于贺夫妇双寿的"凤凰枝上花如锦，送聚糖众人比年"；等等。

到了清代，在北京北海团城上承光殿东侧有株油松，冠如巨盖，浓荫蔽日，当时已有800多岁。当年，乾隆皇帝常在树下纳凉读书，为了表彰其护体之功，于是封这株油松为"遮阴侯"。松树俨然已经成为了树木中的最尊者，受到人们的广泛敬重。

阅读链接

在传说很久以前，仙女想考验天下的树，就变成小松鼠走到柳树前，可怜说："让我在你叶下躲一会吧，大灰狼要吃我！"柳树不屑地回答："哪来的臭松鼠，走开！"小松鼠又来到枫树前，可怜巴巴地说："我好累，让我在你树枝上坐一会好吗？""去去去！讨厌！"枫树骂道。随后，小松鼠又去了很多树前，都被拒绝了。最后，她愁眉苦脸地走向了松树。松树老远就大声喊："小松鼠，快过来，尝尝我新长出来的松果吧！"小松鼠跑过去，变成了美丽仙女，大声说："只有你有爱心呢！我宣布冬天只有松树有叶子，其他树冬天叶子全部落光！"

历代文人吟松赞松

草木美誉与文化象征

明代项圣谟作品《五松图》

松树作为"百木长"，有其自身的一些特点，成为了一个很理想的借助对象。在历代文人墨客不断吟咏描绘之下，以松为主题的文艺作品不断涌现，渐成气象，并最终成为了一种影响深远的松柏文化。

自古以来，有许多文艺作品借对松树坚强不屈的表现，来抒发对完美人格理想的追求与赞美，这类作品在先秦百家争鸣时期就屡见不鲜。

在春秋时期，儒家学派创始人孔子非常喜欢松树，据

《论语·子罕》记载，孔子曾赞松曰：

■孔子松下见荣启期

　　岁寒然后知松柏之后凋也。

　　意思是说，只有天气寒冷了，才明白松柏是最后凋谢的啊！孔子用这句话对松柏品格、特性的赞美之词，来启示他的弟子要注重人的品德修养。

　　据道家学派代表人物庄子所著的《庄子》记载，说孔子周游列国时，到陈、蔡两个国家的时候，遇到了缺粮、断炊的困境，他对弟子说："内省而不穷于道，临难而不失其德，天寒既至，霜雪即降，吾是以知松柏之后茂也。"

庄子（前369年—前286年），姓庄名周，字子休。战国时期思想家、哲学家和散文家，道家学说主要创始人之一。其代表作品为《庄子》，集中阐释了"天人合一"和"清静无为"的思想，对后世影响深远。庄子与道家始祖老子并称"老庄"，他们的哲学思想体系，被思想学术界尊为"老庄哲学"。

清代禹之鼎作品
《青松高隐图》局部

孔子这段话，首次将松柏的品格特性，与人的艰难困苦遭遇和品德修养明确地联系起来。他的这两段话，可以说是造就了中华民族松文化的审美内涵。

庄子在《德充符》赞美曰：

刘桢 东汉名士，建安七子之一。博学有才，少与王粲友善，后被曹操征召。他行文才思敏捷，风格遒劲，语言质朴，重名于世，与曹植齐名。所著诗大多散佚。后存诗15首，多为赠答之作，后有《刘公干集》。

受命于地，唯松柏独也正，在冬夏青青；
受命于天，唯尧舜独也正，在万物之首。

延伸到民间，人们便有了"岁寒知松柏，患难见人心"的古谚语了。

在东汉末年，"建安七子"之一的刘桢与曹植并称"曹刘"，以诗闻名，曹魏开国皇帝曹丕曾称赞他是"妙绝时人"。他在一首《赠从弟》中写道：

亭亭山上松，瑟瑟谷中风。

风声一何盛，松枝一何劲。

冰霜正惨凄，终岁常端正。

岂不罹凝寒？松柏本有性。

曹丕 （187年—226年），字子桓，三国时期著名的政治家、文学家，曹魏的开国皇帝，公元220年至226年在位。他在位期间，平定边患，击退鲜卑，和匈奴、氐、羌等外夷修好，恢复汉朝在西域的设置。另外，曹丕著有《典论》，当中的《论文》是我国文学史上第一部有系统的文学批评专论作品。

全诗格调劲健，语言质实，具有清刚之气。诗人抓住松树惊寒不衰、枝干坚劲的特征，写出松柏凛然正气，勉励堂弟保持节操，也表现自己对高风亮节的赞美和追求。更难能可贵的是，诗人不仅写出松树的风格，更以自己行动对这种"威武不能屈"的品质加以实践。

相传有次刘桢获"不敬罪"被罚做苦力，在洛阳石料厂磨石料。汉末魏王曹操到石料厂察看，众官吏与苦陶渊明（376年—427年），字元亮，自号"五柳先生"，晚年更名"潜"，卒后友人私谥"靖节征士"。东晋著名诗人，田园生活是他进行文学创作的主要题材，相关作品有《归去来兮辞》《归园田居》及《桃花源记》等，诗文作品深受后世文人骚客推崇。

力们均匍匐在地，不敢仰视。唯刘桢未跪，照常劳作。

曹操大怒，刘桢道："魏王雄才天下皆知，刘桢身为苦力，何敢蔑视尊王。但在魏王府数年，常闻魏王教诲，做事当竭尽力，事成则王自喜，事败则王亦辱，桢现为苦力，专研石料，研石是对魏王的敬忠，所以桢不敢辍手中之活。"

魏王听后，又问："这石头怎么样？"

刘桢朗然答："石出自荆山悬崖之巅，外有五色之章，内含卞氏之珍。磨之不加莹，雕之不增文，禀气坚贞受之自然，顾其理，枉屈纡绕而不得申。"

曹操知刘桢借石自喻，就赦免了他。刘桢凭借自己的傲气和善辩脱罪，成为了千古佳话。

松树在文人眼中，也并非只是一种铁骨铮铮的样子，而是千姿百态和各具情趣。在东晋末期著名诗人陶渊明笔下，松树的坚贞就是另一种味道：

■ 清代禹之鼎作品《青松高隐图》局部

芳菊开林耀，青松冠岩列。

陶渊明在饮酒时看到松菊坚贞秀美的风姿和卓然挺立的形象，可称得上凌霜的豪杰，他因此想起志节如松菊的隐士，要坚持他们为人的准则。

陶渊明厌恶官场生活，不为五斗米折腰，他辞官归隐田园，在诗歌中称赞松树说：

怀此贞秀资，卓为霜下杰。

其实这是陶渊明在借松树表达自己洁身自好、不与世俗同流合污的孤高自守的思想感情。

陶渊明在《归去来兮辞》中曾经说，回到家时看到田园就荒、松菊犹存时，就像见到老朋友那样感到欣慰，他拄着拐杖，到家园外漫步的时候，抚孤松而

菊 是我国十大名花之一，在我国有三千多年的栽培历史。菊花约在我国明末清初传入欧洲。我国人爱菊花，从宋朝起民间就有一年一度的菊花盛会。我国历代诗人画家，以菊花为题材吟诗作画众多，因而历代歌颂菊花的大量文学艺术作品和艺菊经验，给人们留下了许多名谱佳作，并将流传久远。

白居易 （772
年—846年），
字乐天，晚号香
山居士、醉吟先
生。他是中唐最
具代表性的诗人
之一，作品平易
近人，乃至于有
"老妪能解"的
说法。其作品在
他在世时就已广
为流传于社会各
地各阶层，乃至
外国，产生了很
大的影响。他著
名诗歌有《长恨
歌》和《琵琶
行》等。

盘桓，对松树像对亲人那样，流露出一种亲切之情。

陶渊明这些诗句的意蕴，颇能代表当时的归隐风
尚中，一些文人们的松文化情结。

唐代大诗人李白在《赠韦侍御黄裳》中写道：

太华生长松，亭亭凌霜雪。

天与百尺高，岂为微飙折。

桃李卖阳艳，路人行且迷。

春光扫地尽，碧叶成黄泥。

愿君学长松，慎勿作桃李。

受屈不改心，然后知君子。

诗文其意一目了然，告诉世人应该效法凌霜挺立
的青松，不要做艳丽且脆弱的桃李。

唐代大诗人白居易也在《和松树》中写道：

亭亭山上松，一一生朝阳，

森耸上参天，柯条百尺长。

草木有情

草木美誉与文化象征

■《松溪钓艇图》
局部

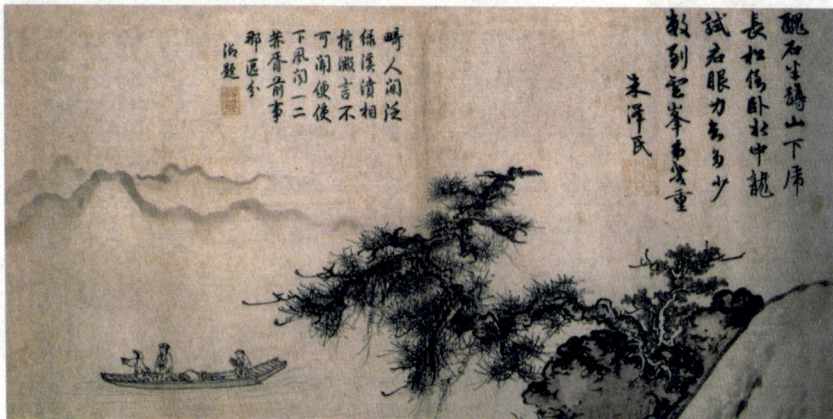

岁暮满山雪，松色郁青苍，
彼如君子心，秉操贯冰霜。

这首诗与李太白的诗异曲而同工。唐代著名大诗人李商隐的《高松》中还有"高松出众木，伴我向天涯"的诗句。

不难发现，对松的描写，人们往往直接选取凌霜傲雪的场景。唐代大诗人杜荀鹤却从另外一个视角诠释了松树蕴涵的人世哲理。他在《小松》里写道：

自小刺头深草里，
而今渐觉出蓬蒿。
世人不识凌云木，
直待凌云始道高。

这里意思是说，开始时弱小但不要气馁，暂时有困难不要被吓倒，经历风霜的磨砺之后，终能成为凌云的栋梁。

宋代大文学家苏轼一生酷爱松树，少年时代，他年年都要栽植松树，十余年里，他亲手栽的松树多达数万株。据《东坡杂记》中有"予少年颇知种松，手植数万株，皆中梁柱矣"的记载。

苏轼在知密州时，在住所周围栽松，以"处处松木郁盛"引为自乐。他在一个月明之夜，在梦中惊醒后，望着窗外松间的月影，回味

《山路松声图轴》

■《绝壁寒松图》
局部

梦中与亡妻的相会，起身挥毫，写下了著名的《江城子·乙卯正月二十日夜梦记》：

十年生死两茫茫，不思量，自难忘。
千里孤坟，无处话凄凉。
纵使相逢应不识，尘满面，鬓如霜。

夜来幽梦忽还乡。小轩窗，正梳妆。
相顾无言，唯有泪千行。
料得年年肠断处，明月夜，短松冈。

苏轼与妻子结为连理时只有19岁，随后出蜀入仕，十年后，妻子去世归葬家乡，苏轼在她坟旁遍植松树，其后辗转各地，在颠沛流离十年后，写下了此词。

乐府民歌 乐府最初始于秦代，到汉时沿用了秦时的名称。公元前112年，汉王朝在汉武帝时正式设立乐府，其任务是收集编纂各地民间音乐、整理改编与创作音乐、进行演唱及演奏等。汉魏六朝以乐府民歌闻名，后来，"乐府"成为了一种带有音乐性的诗体名称。

苏轼结婚20年，妻子亡故十年后仍能有如此相思，尚能写出如此词句，实在是难得。因而，"明月夜，短松冈"便成了悼亡名句，松树也成了真情的象征。

其实，松树作为忠贞爱情的象征，早在南朝乐府民歌《冬歌》就有，其中写道：

渊冰厚三尺，素雪覆千里，
我心如松柏，君情复何似。
果树结金兰，但看松柏林，
经霜不坠地，岁寒无异心。

词在古代其实是拿来唱的，宋词中有一个著名的词牌叫《风入松》，相传来源于西晋诗人嵇康所作的古琴曲《风入松》，但此曲随嵇康的被杀便同《广陵散》一样失传了。

古往今来，文人吟诵的关于松的诗文不计其数，但是其中最有趣的，还是应数南宋著名词人辛弃疾。他把松树写得活灵活现，仿佛那不是树木，而是一位能陪自己畅饮的好友。他在《西江月》词中这

《松鸟图轴 清》

样写道：

昨夜松边醉倒，问松"我醉何如"？
只疑松动要来扶，以手推松曰："去！"

　　元代散曲家徐再思在观音山看到眠松让翠藤缠绕、与清风为邻、明月为伴的情景时，他想起了陶渊明先生，他在《殿前欢·观音山眠松》写道：

老苍龙，避乖高卧此山中。
岁寒心不肯为梁栋，翠婉蜒俯仰相从。
秦皇旧日封，靖节何年种？
丁固当时梦。
半溪明月，一枕清风。

　　"老苍龙，避乖高卧此山中"是因为"岁寒心不肯为栋梁"，对于松树来说，它想要的只是"半溪明

草木美誉与文化象征

■《松石梅花图》局部

月，一枕清风"。这里写的虽然是松树，抒发的却是自己在黑暗的政治环境下渴望避世的心情。清代诗人陆惠心在《咏松》中写道：

《松石紫藤图轴》局部

瘦石寒梅共结邻，
亭亭不改四时春。
须知傲雪凌霜质，
不是繁华队里身。
迎寒冒暑立山冈，
四季葱茏傲碧苍。
漫道无华争俏丽，
长青更胜一时芳。

松树没有鲜花五彩缤纷的绚丽，也没有垂柳婀娜多姿的倩影，却怀揣着一颗赤胆忠心，执着地守望着蓝天沃土，这种执着与坚定，简直写出了松树的精神。

阅读链接

苏轼与结发妻子王弗在婚后第十一年，王弗染病去世，痴情的苏轼悲痛不已，亲自护送其灵柩安葬在母亲的坟墓旁边。为了表达他对王弗的思念之情，他的浪漫情绪大爆发，前前后后一共在山上种下了3万多棵松树！这大概是最浪漫的事了吧！种树归种树，苏轼的思念并没有因此而停止。

此后，他一首接一首地写诗给王弗，即使再婚也是情诗不断，其中有许多诗与松树有关。

历代画家画松画精神

草木美誉与文化象征

《松竹梅图轴》局部

在我国传统"文人画"中，松、竹、梅被称为"岁寒三友"，取松、竹、梅都可傲凌风雪、不畏霜寒之性，表现卓越的人格品质和气节。

松生长在高原、平地、山间、石缝，无论春夏秋冬，它都保持着常年青翠，有一种刚毅、顽强的精神，鼓舞着人们对生活的信心，也表示着延年益寿的品位。因此，大多山水画、花鸟画、人物画，多配置松树来表现画面的意境与意义。

松树早在唐代画圣吴道子时，就常被画在壁障上。古人画松多以松石点缀山水，在唐代山水画中已形成了一种风气，并出现了很多著名松石山水画家，他们把松石作为山水一部分，刻意加工，使画面呈现出"妙之至极"的韵致。

唐代画家张璪画松，很能用笔法，"常以手握双管，一时齐下，一为生枝，一为枯枝，气傲烟霞，势凌风雨，槎牙之形，鳞皴之状，随意纵横，应手间出，生枝则润含春泽，枯枝则惨同秋色"。特别是张璪的"外师造化，中得心源"更是被历代的艺术家所折服，成为我国画论中的千古玉律。

五代后梁的荆浩，号称"太行山松"。他隐居于太行山的"洪谷"，一面"耕而食之"，一面深入观察大自然，那"翔鳞乘空""欲附云汉"的古松，使他倍感惊讶，常常"携笔复就写之，凡数万本，方如其真"。他画出了数万棵松树方悟出了真谛。

荆浩的《松壑会琴图》，用斧劈皴画出前景的山石，用细致笔法描绘前景的松柏，树下站立两位久违的朋友，其中一位似乎正为远道而来的朋友感到高兴。

在他们右边有一处房舍，左边有一条小河缓缓流过，上架一桥，一位童子正肩背古琴慢慢走过来。顺着河水向画上端看，观者会看到陡峭的山峰和被雾气

■《松荫抚琴图轴》
局部

荆浩 字浩然，号洪谷子。我国五代后梁最具影响的山水画家。擅长画山水，汲取北方山水雄峻气格，作画勾皴之笔坚凝挺峭，表现出一种高深回环、大山堂堂的气势，为北方山水画派之祖。

笼罩的松林。

五代宋初有位著名画家叫巨然，他有名画《万壑松风图》。此图绘江南烟岚松涛，矾头重叠。深谷里清泉奔涌，溪畔浓荫森森。沿着曲折的山脊，是一片片浓密的松林，"丰"字形的松树随风摇曳，似乎能使观者感受到阵阵湿润的凉风扑面而来。沟壑里聚起团团云雾，缓缓地向上升腾。山瀑下置一水磨磨坊，溪上架一木桥，在这世外桃源里留下人间烟火。

作者构图与其他山水稍有不同，虽取全景，但不突出主峰，通过环绕着的松林将峰顶连成一个统一整体，近、中、远3个空间层次表现得自然得体。全图笔墨沉厚浑朴而不失腴润秀雅，天趣盎然。坡石用淡墨作长披麻皴，再以焦墨、破笔点苔，有沉郁清壮之韵。画中屋宇，以界画而成，表现了画家怀有丰富的绘画技巧。

北宋有位著名画家叫李成，他的传世精品《寒林平野图》，图绘萧瑟的隆冬平野中，长松亭立，古柏苍虬，枝干交柯，老根盘结，河道曲折，似冰冻凝固，烟霭空蒙而至天际。

这正是李成最擅长表现的场景。宋人用的绢，极宜于勾线。李成用硬笔锐锋，在绢上勾画的松针、粗干细枝、土坡石廓，线条瘦硬坚韧，即使不染墨，也神完气足。所以他的画，仅用淡墨作少量的烘染，给人以一种秀润淡雅的享受。

草木美誉与文化象征

《万壑松风图轴》局部

李成还有一幅《乔松平远图》，表现冬日寒冽窠石坡陀上挺然生长着的长松老树，背后映衬平川远山，坡石壮如云头，送针细利，笔墨清润。

南宋著名画家李唐有《万壑松风图》，画面山峰高峙，山石巉岩，峭壁悬崖间有飞瀑鸣泉，山腰间白云缭绕，清岚浮动。从山麓至山巅，松林高密，郁郁葱葱。山脚下乱石珠连，水流奔涌。大自然雄壮之气扑面而来，给人以气势磅礴的感觉。

南宋著名画家马远有《岁寒三友图》，画以松、竹、梅暗喻文人气节，颂扬不附权势，特立独行，洁身自好的品德。画面上高峰突兀，乔松婆娑，寒梅竞放，翠竹摇曳，观之有入瑶林仙境之感。

马远还有《倚松图》，表现了文人寄情山水、抚琴赋诗、畅抒情怀、怡然自乐的画作。在尺幅大小的画面上，把一老一少两人安排在松姿奇特、湖光波动、远山绵延的自然环境中。他们或许是行走在归途

153

坚强不屈

松柏

■《倚松图》局部

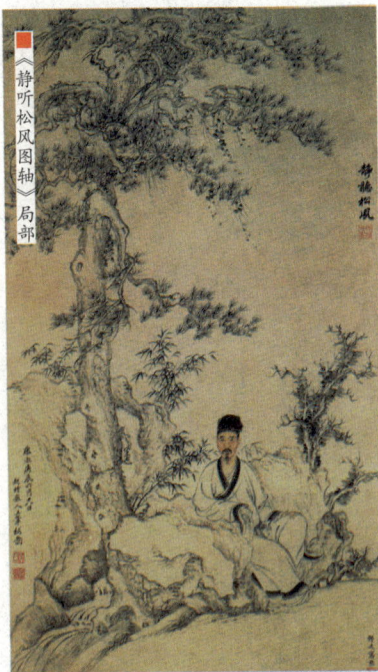

《静听松风图轴》局部

靜聽松風

中，倦时倚松稍作小憩。书童站在前面，上身着浅蓝色长布衣，下身穿白色裤子，双手抱着用布裹着的琴，两眼炯炯有神地欣赏着周围的景色，流露出一股天真无邪的稚气。

书童衣纹简洁流畅，形象生动自然。松树后面，一位文人雅士倚松而立，左臂弯曲着靠在松树上，右臂自然下垂，作休息状。头部微侧，两眼凝视着波光荡漾的湖水，若有所思。

南宋著名画家马麟有《静听松风图》，绘有二树高松迎风，其树并不写顶、脚。枝干虬劲奇趣，枝叶飘洒，一老人悠然坐于松下，似听风冥想，有道骨仙风之气质，神气舒畅。

元代著名画家吴镇有《双松图》，画中双树擎天而立，树后有一条蜿蜒的溪流渐渐地向后推延，几户房舍坐落在岸边，空间深邃。全作笔力雄劲，墨气沉厚，有一种平淡天真的韵致。

元代著名画家朱德润有《林下鸣琴图》《松溪钓艇图》等画松之图。《松溪钓艇图》中坡石间一株古松傍岸，老干盘屈势若虬龙。松旁杂树、小草相衬。松前湖面空旷浩渺，远山一抹，遥接天际。一叶轻舟载三人缓行于湖中，打破了画面沉寂。图中松树用笔尖劲爽利，坡石皴法婉和温润，浓淡有致。人物用白描法，笔简神完。

元代是一个充满抗争的时代，因此画松的图特别多。主要有唐棣的《霜浦归渔图》、倪瓒的《幽涧寒松图》、王蒙的《春山读书图》、张舜咨的《鹰松图轴》等。

明代的许多著名画家都曾画过松树，主要有戴进的《墨松图》和

草木有情

草木美誉与文化象征

《长松五鹿图》、朱瞻基的《万年松图》、沈周的《苍松片石图》、陈淳的《松石萱花图》、唐寅的《山路松声图》和《松荫高士图》、文徵明的《古木寒泉图》和《松岩观瀑图》、仇英的《东林图》和《松溪高士图》以及《松溪论画图》、董其昌的《九夏松峰图》和《疎松远岫图》等。

其中唐寅著名的《松崖别业图》画心高32厘米，长124厘米，水墨纸本设色，图中远山如黛，淅沥雨后，山崖下结庐山间，苍松掩映，坐拥翠竹，堂前侍童，一煮茗，一端茶，主人侧卧在河边草亭中，凝思苦吟。

唐寅著名的《山路松声图》层岩邃壑，飞瀑流泉。山腰苍松葱郁，虬枝老干，掩映画面。山下平湖一湾，清澈见底。一条崎岖不平的野路，蜿蜒通向山涧，以增加画面的幽深感。一隐者凭眺倚栏，静听松风，侍者囊琴随后。

清代也是一个充满抗争的时代，画家借松表现时代的精神，产生了许许多多的画松图。主要有王鉴的《长松仙馆图》和《仿松雪溪山仙馆图》、弘仁的《黄海松石图》、吴宏的《松溪草堂图》、八大山人的《松石牡丹图》和《松石萱草图》以及《五松图》、石涛的《松菊石图》和《松下高士图》、王翚的《春山飞瀑图》和《松溪茅屋图》以及《万壑千崖图》、

《静听松风图轴》局部

155

坚强不屈

松柏

《松梅双鹤图轴》局部

恽寿平的《古松云岳图》和《五大夫松图》以及《松菊图》、沈铨的《寿鹿图》和《松鹤延年》、李鱓的《富贵长寿图》和《松藤图》以及《松石图》、郎世宁的《花阴双鹤图》、袁枚的《松鸦图》等。

总之，在画家的松树作品中，或画松孤生于山颠石缝；或画松斜长于峭壁悬崖；或画松长于平原山岗，参天而立、郁郁葱葱；或满画松疤结裂痕，但呈现出枝叶并茂，昂首天外的姿态。

还有的画家描写风雪严寒中，苍松挺拔而立、郁郁葱葱，依然保持平日的本色。这些绘画都将松树的耐得摧残困厄和冷霜熬雪的坚贞美表现得淋漓尽致。

也有许多画家在松林内，抒写自己在远离尘世喧嚣的隐逸幽静的山间林下环境中，保持自己孤高雅洁的个性和志趣。

在画家的生命意识中，都是既在赞美松的崇高美、坚贞美，也在赞美它的生命美，展现出了松树的精神之美和文化内涵。

阅读链接

在传统绘画领域，"松鹤延年"是一个重要题材，尤以清代僧人虚谷之作最著名。他的松鹤图画面奇峭隽雅，生动冷逸，意境清简萧森，情调新奇冷逸，以偏侧方折之笔写出松针与丹鹤，给人一种福寿康宁的愉悦感，体现出了松鹤延年之高雅旨趣，散发着潇洒出尘的飘逸情怀。

千姿百态的形态美

松树具有不同的形态，人们将松称为迎客松、送客松、倒挂松、棋枰松、蒲团松、卧龙松、龙爪松、连理松等。

松树丰富多彩的美姿美态，历来深得我国人民普遍喜爱。文人墨客赞美它，山水画家更是普遍收入画中，精心描绘，就是因为它具有千姿百态的形态美，使人着迷，令人陶醉。

松树的品格特性，主要显示出内在美和形态美，鼓舞着人们对自己的品德进行自我修养、对人格理想坚持强烈追求。

在千百年的历史长河中，松树崇

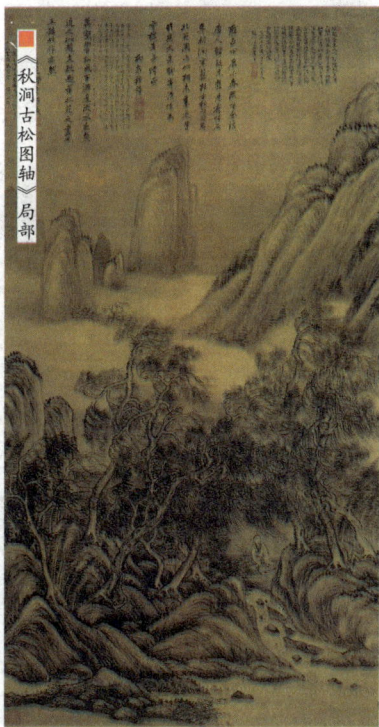

《秋涧古松图轴》局部

草木美誉与文化象征

高的美好品格特性，和人对松怀有的人文观念，两者相互渗透、相互融合，造就了深厚的松文化，使得松成为了中华民族理想人格的象征。

黄山有一棵迎客松，挺立于黄山玉屏峰东侧的文殊洞上，破石而生，寿逾800多年，树高10米左右，树干中部伸出长达七八米的两大侧枝展向前方，恰似一位好客的主人展开双臂，热情欢迎宾客的到来。

迎客松是黄山松的代表，姿态苍劲，翠叶如盖，刚毅挺拔，彬彬有理，形象可爱。它作为我国人民同世界人民友谊的象征早已蜚声中外，成为中华民族热情好客的象征。

送客松是黄山十大名松之一，松高4.8米，树龄约450年，立于黄山玉屏楼右侧道旁，与名扬世界的黄山迎客松遥遥相对应。此松虬干苍翠，侧伸一枝，形似作揖送客，故名"送客松"。有诗赞曰：

■《松谷图》局部

岩前倩影侧枝伸，
青翠容颜满面春。
黄海大夫真好客，
天天挥手送游人。

棋枰松位于黄山的北海，盘踞在平天道旁。此松极其奇古，松干较短，高仅两尺，但盘根盖顶，冠幅荫广逾丈。因树顶平正坦荡，如同围棋盘，故名"棋枰松"。

相传，从前有数位仙童坐在枝杆横斜、平正如棋盘的树顶上下棋，有位名叫黄升的樵夫，看棋入迷，忘记下山，仙童便授之一枣，含之不饥。清代诗人洪云行有《棋枰松》诗咏之：

■《松溪横笛图轴》局部

闻道骖鸾客，时来坐对松；
樵柯从烂尽，此局几时终？

此诗将棋枰松描绘成仙人的棋盘，给棋枰松披上了神奇的色彩，耐人玩味。

蒲团松位于黄山玉屏索道上站附近，高不盈丈，却枝丫茂密错落，枝冠如盖，可坐数人不坠，形似一个大蒲团。

作揖 我国古人见面时的一种行礼形式，两手抱拳高拱，身子略弯，表示向人敬礼。据考证作揖大约起源于周代以前。这种礼节要求两手松松抱拳重叠，右手覆左手，在胸前右下侧上下移动，同时略作鞠躬的姿势。

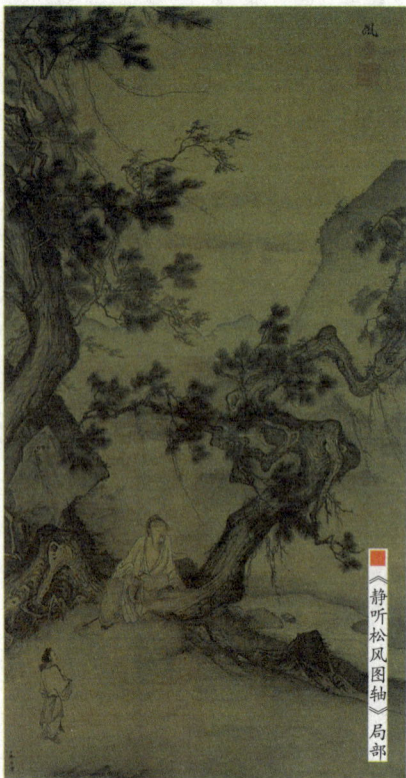
《静听松风图轴》局部

在黄山始信峰，还有一株连理松，这株松两棵树干相拥相抱，看似两株树，实为同根生，树冠纠缠在一起，亲密无间，恩恩爱爱。

相传唐玄宗与杨贵妃发誓，"在天愿作比翼鸟，在地愿为连理枝"，后来，唐明皇灵魂追赶杨玉环到黄山，二人相挽跳入云海，于是化成了这株"连理松"。

卧龙松矗立于黄山卧云峰。传说在乾隆二十三年，清高宗弘历北巡时，问随行的纪晓岚道："宜州哪里有可游之处啊？"

纪晓岚回奏道："臣听说，北边的老爷岭钟灵毓秀，而且大唐时留下了许多典故，许多佳话，每一处景观都有一段美妙的故事。"

于是，君臣一行便来到老爷岭。行至山脚下，眼看就到了圣清宫下的院山门了，乾隆皇帝发现山道南侧，有一虬枝古松横卧路旁，觉得出奇，便问纪晓岚："纪爱卿，此松可有名号？松树大多是傲立笔直，此松却又因何长成此等模样？"

纪晓岚当时正任《四库全书》的总纂官，是乾隆皇帝的不记名老师。皇帝每有"风雅"之难题，都要向他请教。纪晓岚见问，便回奏道："据微臣所知，此松至今尚无名号。如果万岁有雅兴，臣便将听来的传说，讲与圣上听！"

乾隆立即来了兴致，站住脚，催促道："既有传说，快讲！"

于是纪晓岚讲道："据说，当年唐玄宗李隆基于开元十四年征服

草木有情

草木美誉与文化象征

高丽后，在老岭鹰嘴峰下发现了曾祖太宗刻在石壁上的御旨，又按旨修了圣清宫，竣工时，玄宗亲自来老爷岭主持开光大典。

"开光后，玄宗在岭上游览半天。下岭后，走到这里，他忽然喊困，想就地睡一觉，寻找了一会，就单单相中了这里的一株小松树下，并告诫随员说：'朕就于此睡一觉，你们记住，严禁他人来打搅！'于是玄宗便坐下，将头和背靠在小松树的干上睡了。

"玄宗当时身子很乏，睡着睡着，便把小松树压弯了。小松树被压躺在地下，他也把身子躺卧了下去。

"皇帝有令不许人打搅，所以也就无人敢来喊醒他。一直睡到红日西沉，玄宗才醒过来。起来后，他见自己这一睡，竟把小松树压倒了，说了几声'罪过'，又叮嘱人将小松树扶起，便走了。

乾隆（1711年—1799年），全名爱新觉罗·弘历。满族。清朝第六位皇帝，谥号"法天隆运至诚先觉体元立极敷文奋武钦明孝慈神圣纯皇帝"，庙号高宗，年号乾隆。他文治武功兼修，在发展清朝"康乾盛世"局面做出了重要贡献，为一代有为之君。

161

坚强不屈

松柏

■ 《松荫闲憩图》局部

《松荫高士图轴》局部

"岂料那小松树经玄宗一压，也就定了型，无论怎么扶，扶起来又卧下。年深日久，树也大了枝也长了，却还是当年玄宗压倒的样子。"

乾隆听完了故事，便对这株松树发起呆来。好一会儿，他才说："唔，这株松树是福分不浅哪，你们看，它的形状犹如一条伏卧的巨龙，况且当年玄宗还卧在这里睡过觉。既然以前无名号，朕就赐名给他，叫卧龙松吧！"

从此，"卧龙松"这个名字便叫开了，一直沿袭着。这株树，也由一株小卧龙松长成了一株像模像样的大卧龙松了。

松树是大自然给我们人类的恩赐，松木自古就是用途广泛的优良木材，松木材质好，耐腐朽，纹理直，具有刚柔并济、负重而不折、挺直不变形、坚韧而富有弹性的特点，可作建筑、桥梁、枕木、矿柱等用材。

松子自唐代以来就是人们喜爱的上佳食品，是糖果、糕点的常用原料，有些品种还可入药。松果，别名松球、松元、松实、松塔等。魏晋时期陶弘景所著的《名医别录》记载："味苦，温，无毒。主风痹寒气，虚赢少气，补不足。"

松脂在古时被用于防腐、驱虫，经过提取可得到松香、松节油等。我国最早中药学经典著作《神农本草经》将松脂列为上品，记载曰：

松脂，味苦温。主疽，恶疮，头疡，白秃，疥骚，风气，安五脏，除热。久服，轻身不老，延年。一名松膏，一名松肪，生山谷。

松节是松树的含油结疤，古人认为松节是松树的骨头。我国古代的文房四宝笔、墨、纸、砚中的墨有几种制造方法，其中比较重要的一种叫松烟墨，就是利用松根和松枝在窑内进行不完全燃烧制得。东汉以后这种方法被普遍采用，这才使得墨的生产达到了规模化。

唐代神医孙思邈最先发现了松针的医疗保健作用，其巨著《千金方》记载松针：

令人不老，生毛发，安五脏，守中，不饥延年，治中风，治风湿，百节酸痛之方。

■《松溪论画图》局部

孙思邈晚年又在《千金翼方》中补充记载松针可"主万病，发白返黑，齿落更生"。

孙思邈亲自采集松针制作松针茶饮用，经年不辍，实践证明，松针虽无长生不老之功，却有延年益寿之效。相传孙思邈年过百岁依然发黑齿白，亲自坐诊处方，当时的人惊异于其容颜不老，呼为"神仙"出世！

松花粉古称"松黄"，是一种珍贵的天然营养食品，我国人民食用松花粉至少已有一千五百多年的历史，史籍多有记载，历来被认为是养生延年的妙药，因此民间有"益寿粉"之称。

古人用松花粉和炼熟的蜂蜜调和，做成"松黄饼"，味香、清甘，有养颜益志、延年益寿的效果。松花粉承担着松树繁衍后代的重任，是松树精华之所在，来源于纯天然、野生的自然环境，是真正意义上的营养品。

总之，松作为我国传统文化精神的载体，不仅是我国民俗文化重要的组成部分，也契合了民族的人文精神，蕴涵了特有的生命美、情意美、人格美、气节美。

草木美誉与文化象征

阅读链接

"迎客松"文化包括"迎客"文化与"松树"文化，两者相互结合，派生出"迎客松"文化。由山松盆景的迎客式艺术造型演绎而来，是别具一格的"松"文化。

"迎客"是迎接客人的礼仪形式。人们用各种形式表达内心思想感情，有"接风""洗尘""迎宾宴"的；有用锣鼓、鞭炮营造热烈气氛的；也有用诗画、歌舞庆贺的……久而久之，产生了"迎客"文化，并建立起了一套严格的制度规范，渐渐成为各地方沿袭的迎客形式。

中华精神家园书系

建筑古蕴

壮丽皇宫：三大故宫的建筑壮景
宫殿怀古：古风犹存的历代华宫
古都遗韵：古都的厚重历史遗韵
千古都城：三大都的千古传奇
王府胜景：北京著名王府的景致
府衙古影：古代府衙的历史遗风
古城底蕴：十大古城的历史风貌
古镇奇葩：物宝天华的古镇奇观
古村佳境：人杰地灵的千年古村
经典民居：精华浓缩的最美民居

古建风雅

皇家御苑：非凡胜景的皇家园林
非凡胜景：北京著名的皇家园林
园林精粹：苏州园林特色与名园
秀美园林：江南园林特色与名园
园林千姿：岭南园林特色与名园
雄丽之园：北方园林特色与名园
亭台情趣：迷人的典型精品古建
楼阁雅韵：神圣典雅的古建象征
三大名楼：文人雅士的汇聚之所
古建古风：中国古典建筑与标志

古建之魂

千年名刹：享誉中外的佛教寺院
天下四绝：佛教的海内四大名刹
皇家寺院：御赐美名的著名古刹
寺院奇观：独特文化底蕴的名刹
京城宝刹：北京内外八刹与三山
道观杰作：道教的十大著名宫观
古塔瑰宝：无上玄机的魅力古塔
宝塔珍品：巧夺天工的非常古塔
千古祭庙：历代帝王庙与名臣庙

文化遗迹

远古人类：中国最早猿人及遗址
原始文化：新石器时代文化遗址
王朝遗韵：历代都城与王城遗址
考古遗珍：中国的十大考古发现
陵墓遗存：古代陵墓与出土文物
石窟奇观：著名石窟与不朽艺术
石刻神工：古代石刻与文化艺术
岩画古韵：古代岩画与艺术特色
家居古风：古代建材与家居艺术
古道依稀：古代商贸通道与交通

古建涵蕴

天下祭坛：北京祭坛的绝妙密码
祭祀庙宇：香火旺盛的各地神庙
绵延祠庙：传奇神人的祭祀圣殿
至圣尊崇：文化浓厚的孔孟祭地
人间天宫：非凡造诣的妈祖庙宇
祠庙典范：最具人文特色的祭祠
绝代王陵：气势恢宏的帝王陵园
王陵雄风：空前绝后的地下城堡
大宅揽胜：宏大气派的大户宅第
古街韵味：古色古香的千年古街

物宝天华

青铜时代：青铜文化与艺术特色
玉石之国：玉器文化与艺术特色
陶器寻古：陶器文化与艺术特色
瓷器故乡：瓷器文化与艺术特色
金银生辉：金银文化与艺术特色
珐琅精工：珐琅器与文化之特色
琉璃古风：琉璃器与文化之特色
天然大漆：漆器文化与艺术特色
天然珍宝：珍珠宝石与艺术特色
天下奇石：赏石文化与艺术特色

古迹奇观

玉宇琼楼：	分布全国的古建筑群
城楼古景：	雄伟壮丽的古代城楼
历史开关：	千年古城墙与古城门
长城纵览：	古代浩大的防御工程
长城关隘：	万里长城的著名关卡
雄关漫道：	北方的著名古代关隘
千古要塞：	南方的著名古代关隘
桥的国度：	穿越古今的著名桥梁
古桥天姿：	千姿百态的古桥艺术
水利古貌：	古代水利工程与遗迹

西部沃土

古朴秦川：	三秦文化特色与形态
龙兴之地：	汉水文化特色与形态
塞外江南：	陇右文化特色与形态
人类敦煌：	敦煌文化特色与形态
巴山风情：	巴渝文化特色与形态
天府之国：	蜀文化的特色与形态
黔风贵韵：	黔贵文化特色与形态
七彩云南：	滇云文化特色与形态
八桂山水：	八桂文化特色与形态
草原牧歌：	草原文化特色与形态

节庆习俗

普天同庆：	春节习俗与文化内涵
张灯结彩：	元宵习俗与彩灯文化
寄托哀思：	清明祭祀与寒食习俗
粽情端午：	端午节与赛龙舟习俗
浪漫佳期：	七夕节俗与妇女乞巧
花好月圆：	中秋节俗与赏月之风
九九踏秋：	重阳节俗与登高赏菊
千秋佳节：	传统节日与文化内涵
民族盛典：	少数民族节日与内涵
百姓聚欢：	庙会活动与赶集习俗

国风美术

丹青史话：	绘画历史演变与内涵
国画风采：	绘画方法体系与类别
独特画派：	著名绘画流派与特色
国画瑰宝：	传世名画的绝色魅力
国风长卷：	传世名画的大美风采
艺术之根：	民间剪纸与民间年画
影视鼻祖：	民间皮影戏与木偶戏
国粹书法：	书法历史与艺术内涵
翰墨飘香：	著名书法名作与艺术
行书天下：	著名行书精品与艺术

山水灵性

母亲之河：	黄河文明与历史渊源
中华巨龙：	长江文明与历史渊源
江河之美：	著名江河的文化源流
水韵雅趣：	湖泊泉瀑与历史文化
东岳西岳：	泰山华山与历史文化
五岳名山：	恒山衡山嵩山的文化
三山美名：	三山美景与历史文化
佛教名山：	佛教名山的文化流芳
道教名山：	道教名山的文化流芳
天下奇山：	名山奇迹与文化内涵

东部风情

燕赵悲歌：	燕赵文化特色与形态
齐鲁儒风：	齐鲁文化特色与形态
吴越人家：	吴越文化特色与形态
两淮之风：	两淮文化特色与形态
八闽魅力：	福建文化特色与形态
客家风采：	客家文化特色与形态
岭南灵秀：	岭南文化特色与形态
潮汕之根：	潮州文化特色与形态
滨海风光：	琼州文化特色与形态
宝岛台湾：	台湾文化特色与形态

民风根源

血缘脉系：	家族家谱与家庭文化
万姓之根：	姓氏与名字号及称谓
生之由来：	生庚生肖与寿诞礼俗
婚事礼俗：	嫁娶礼俗与结婚喜庆
人生遵俗：	人生处世与礼俗文化
幸福美满：	福禄寿喜与五福临门
礼仪之邦：	古代礼制与礼仪文化
祭祀庆典：	传统祭典与祭祀礼俗
山水相依：	依山傍水的居住文化

汉语之魂

汉语源流：	汉字汉语与文章体类
文学经典：	文学评论与作品选集
古老哲学：	哲学流派与经典著作
史册汗青：	历史典籍与文化内涵
统御之道：	政论专著与文化内涵
兵家韬略：	兵法谋略与文化内涵
文苑集成：	古代文献与经典专著
经传宝典：	古代经传与文化内涵
曲苑音坛：	曲艺说唱项目与艺术
曲艺奇葩：	曲艺伴奏项目与艺术

自然遗产

天地厚礼：	中国的世界自然遗产
地理恩赐：	地质蕴含之美与价值
绝美景色：	国家综合自然风景区
地质奇观：	国家自然地质风景区
无限美景：	国家自然山水风景区
自然名胜：	国家自然名胜风景区
天然生态：	国家综合自然保护区
动物乐园：	国家动物自然保护区
植物王国：	国家保护的野生植物
森林景观：	国家森林公园大博览

中部之魂

三晋大地：	三晋文化特色与形态
华夏之中：	中原文化特色与形态
陈楚风韵：	陈楚文化特色与形态
地方显学：	徽州文化特色与形态
形胜之区：	江西文化特色与形态
淳朴湖湘：	湖湘文化特色与形态
神秘湘西：	湘西文化特色与形态
瑰丽楚地：	荆楚文化特色与形态
秦淮画卷：	秦淮文化特色与形态
冰雪关东：	关东文化特色与形态

衣食天下

衣冠楚楚：	服装艺术与文化内涵
凤冠霞帔：	佩饰艺术与文化内涵
丝绸锦缎：	古代纺织精品与布艺
绣美中华：	刺绣文化与四大名绣
以食为天：	饮食历史与筷子文化
美食中国：	八大菜系与文化内涵
中国酒道：	酒历史酒文化的特色
酒香千年：	酿酒遗址与传统名酒
茶道风雅：	茶历史茶文化的特色

博大文学

神话魅力：	神话传说与文化内涵
民间相传：	民间传说与文化内涵
英雄赞歌：	四大英雄史诗与内涵
灿烂散文：	散文历史与艺术特色
诗的国度：	诗的历史与艺术特色
词苑漫步：	词的历史与艺术特色
散曲奇葩：	散曲历史与艺术特色
小说源流：	小说历史与艺术特色
小说经典：	著名古典小说的魅力

歌舞共娱

古乐流芳：古代音乐历史与文化
钧天广乐：古代十大名曲与内涵
八音古乐：古代乐器与演奏艺术
鸾歌凤舞：古代大曲历史与艺术
妙舞长空：舞蹈历史与文化内涵
体育古项：体育运动与古老项目
民俗娱乐：民俗运动与古老项目
刀光剑影：器械武术种类与文化
快乐游艺：古老游艺与文化内涵
开心棋牌：棋牌文化与古老项目

戏苑杂谈

梨园春秋：中国戏曲历史与文化
舌戏经典：四大古典悲剧与喜剧
关东曲苑：东北戏曲种类与艺术
京津大戏：北京与天津戏曲艺术
燕赵戏苑：河北戏曲种类与艺术
三秦戏苑：陕西戏曲种类与艺术
齐鲁戏台：山东戏曲种类与艺术
中原曲苑：河南戏曲种类与艺术
江淮戏话：安徽戏曲种类与艺术

梨园谱系

苏沪大戏：江苏上海戏曲与艺术
钱塘戏话：浙江戏曲种类与艺术
荆楚戏台：湖北戏曲种类与艺术
潇湘梨园：湖南戏曲种类与艺术
滇黔好戏：云南贵州戏曲与艺术
八桂梨园：广西戏曲种类与艺术
闽台戏族：福建戏曲种类与艺术
粤琼戏话：广东戏曲种类与艺术
赣江好戏：江西戏曲种类与艺术

科技回眸

创始发明：四大发明与历史价值
科技首创：万物探蒙与发明发现
天文回望：天文历史与天文科技
万年历法：古代历法与岁时文化
地理探究：地学历史与地理科技
数学史鉴：数学历史与数学成就
物理源流：物理历史与物理科技
化学历程：化学历史与化学科技
农学春秋：农学历史与农业科技
生物寻古：生物历史与生物科技

千秋教化

教育之本：历代官学与民风教化
文武科举：科举历史与选拔制度
教化于民：大学文化与私塾文化
官学盛况：国子监与学宫的教育
朗朗书院：书院文化与教育特色
君子之学：琴棋书画与六艺课目
启蒙经典：家教蒙学与文化内涵
文房四宝：纸笔墨砚及文化内涵
刻印时代：古籍历史与文化内涵
金石之光：篆刻艺术与印章碑石

传统美德

君子之为：修身齐家治国平天下
刚健有为：自强不息与勇毅力行
仁爱孝悌：传统美德的集中体现
谦和好礼：为人处世的美好情操
诚信知报：质朴道德的重要表现
精忠报国：民族精神的巨大力量
克己奉公：强烈使命感和责任感
见利思义：崇高人格的光辉写照
勤俭廉政：民族的共同价值取向
笃实宽厚：宽厚品德的生活体现

文化标记

龙凤图腾：龙凤崇拜与舞龙舞狮
吉祥如意：吉祥物品与文化内涵
花中四君：梅兰竹菊与文化内涵
草木有情：草木美誉与文化象征
雕塑之韵：雕塑历史与艺术内涵
壁画遗韵：古代壁画与古墓丹青
雕刻精工：竹木骨牙角匏与工艺
百年老号：百年企业与文化传统
特色之乡：文化之乡与文化内涵

悠久历史

古往今来：历代更替与王朝千秋
天下一统：历代统一与行动韬略
太平盛世：历代盛世与开明之治
变法图强：历代变法与图强革新
古代外交：历代外交与文化交流
选贤任能：历代官制与选拔制度
法治天下：历代法制与公正严明
古代税赋：历代赋税与劳役制度
三农史志：历代农业与土地制度
古代户籍：历代区划与户籍制度

历史长河

兵器阵法：历代军事与兵器阵法
战事演义：历代战争与著名战役
货币历程：历代货币与钱币形式
金融形态：历代金融与货币流通
交通巡礼：历代交通与水陆运输
商贸纵观：历代商业与市场经济
印纺工业：历代纺织与印染工艺
古老行业：三百六十行由来发展
养殖史话：古代畜牧与古代渔业
种植细说：古代栽培与古代园艺

杰出人物

文韬武略：杰出帝王与励精图治
千古忠良：千古贤臣与爱国爱民
将帅传奇：将帅风云与文韬武略
思想宗师：先贤思想与智慧精华
科学鼻祖：科学精英与求实发现
发明巨匠：发明天工与创造英才
文坛泰斗：文学大家与传世经典
诗神巨星：天才诗人与妙笔华篇
画界巨擘：绘画名家与绝代精品
艺术大家：艺术大师与杰出之作

信仰之光

儒学根源：儒学历史与文化内涵
文化主体：天人合一的思想内涵
处世之道：传统儒家的修行法宝
上善若水：道教历史与道教文化

强健之源

中国功夫：中华武术历史与文化
南拳北腿：武术种类与文化内涵
少林传奇：少林功夫历史与文化